理性心理学
Rational Psychology

慧莲 —— 著

Billson International Ltd.

Published by
Billson International Ltd
27 Old Gloucester Street
London
WC1N 3AX
Tel:(852)95619525

Website:www.billson.cn
E-mail address:cs@billson.cn

First published 2025

Produced by Billson International Ltd
CDPF/01

ISBN 978-1-80377-147-2

©Hebei Zhongban Culture Development Co.,Ltd All rights reserved.

The original content within this product remains the property of Hebei Zhongban Culture Development Co.,Ltd, and cannot be reproduced without prior permission. Updates and derivative works of the original content remain the property of Hebei Zhongban. and are provided by Hebei Zhongban Culture Development Co.,Ltd.

The authors and publisher have made every attempt to ensure that the information contained in this book is complete, accurate and true at the time of printing. You are invited to provide feedback of any errors, omissions and suggestions for improvement.

Every attempt has been made to acknowledge copyright. However, should any infringement have occurred, the publisher invites copyright owners to contact the address below.

Hebei Zhongban Culture Development Co.,Ltd
Wanda Office Building B, 215 Jianhua South Street, Yuhua District, Shijiazhuang City, Hebei province, 2207

前言

众所周知，我们只有一个地球，在地球上不仅生活着近80亿人，还有无数的动物、植物等等。同样，80亿人只有一颗心，一颗什么样的心呢？就是期盼离苦得乐，追求幸福快乐的心。虽然只有一颗心，但这颗心上的想法、念头却有80亿、800亿、8000亿，直至无穷无尽。所以，就如同天下没有两片相同的叶子，人类亦没有一模一样的命运。就是在这个地球上，有的地方风光旖旎，景色如画，蓝天白云下，群山层峦叠嶂，苍翠欲滴，蜿蜒小径，流水潺潺，宁静的湖泊平静如镜，一切都是那么美妙。而有的地方则是荒无人烟，满目疮痍，寸草不生，一片死寂。同理，同样是一期的生命，有的人大富大贵，聪明睿智，端庄秀丽，气质如兰。有的人则是贫困潦倒，冥顽不灵，轻浮粗俗，卑微低劣。

是谁决定了这一切？我们自己！怎么决定的？就是我们每天的一言一行决定的。这一言一行又是从哪里来的？从自己的思维上来的。人的意识思维分感性和理性，感性停留在事物的现象上，理性深入到事物的本质中。感性思维和理性思维都是心意识的功能作用，感性思维与生俱有，从人一出生就进入自动加工运行程序，直至终老、死亡，而理性思维则需要学习、培养、训练才能发挥其作用。感性思维终身游离于心之外，而理性思维才是回归内心之家的必经之路。一切的想法、念头都来源于感性思维，而这一切的想法、念头正是引发情绪、烦恼、痛苦的肇因。懂得心意识与五官感官、客观事物三者之间的相互作用之原理,便是走在了开启理性思维之路上,便是走在了回归内心之家的快车道上。不明白此原理则是一生流浪在心之外,犹如捧着金砖却贫困一生的游子。

改变命运从哪里开始?从一念开始,因为一念之差,差之毫厘谬以千里。改变命运从什么时候开始?从现在开始。学习心理学20多年,我只改变了我自己,也只能改变我自己,因为前人早已说过:"世上没有救世主,只有自己救自己。"如今,我能做的就是把改变自己的方法记录于此,为愿意改变命运却苦于寻找不到路径的人铺一条路,搭一座桥。好的命运是需要我们投入极大的勇气、智慧、理性、毅力来扭转和实现的,有心改变自己命运的人,有缘看到此书的人,我在智慧彼岸等你来!我在幸福和快乐宝藏等你来!

目录

心理学研究的是什么？..001
安住在家中的心..003
心的直觉感受..005
体验..007
用词为达义..010
"我"是谁？..012
学习的方法..017
知止而后有定..022
知至而后能定之知..026
止的训练..029
如何判断自己所学是否正确呢？..031
学习之初最大的障碍是什么呢？..033
人最爱听谁说的话..038
知止而后能定..043
定是一种功夫..047
静心..048
什么是安？..052
"我"的想法和念头..054
感性思维和理性思维..056
得..061
外部世界的客观事物..064
不正确认识..066
客观事物如何反映在心意识中？..068

为什么要认识客观事物？ … 070
如何正确认识客观事物？ … 072
实物与名称的关系 … 074
见山是山，见山不是山，见山还是山 … 078
客观事物的顺逆关系 … 081
客观事物的现象和本质 … 084
烦恼的生起 … 087
道须臾不可离 … 093
认识心意识 … 097
心意识及其作用原理 … 102
我们的心意识是如何运作的呢？ … 104
理性思维的建立 … 107
每个人都有痛点 … 110
文字与直觉体验 … 113
错误观念的由来 … 116
烦恼的形成 … 121
心念 … 124
什么是正确认识？ … 128
如何建立正确认识？ … 130
人生之意义 … 135

苦与乐 138
获取乐的途径 141
利与害 146
欲望控制下的人生 150
心理学的内容 153
认识的组成结构 155
认识的形成 156
感性、知性与理性 158
不同人群的意识思维不同 160
感性认识是烦恼的根源 162
错误认识的生成 164
主客观事物的真实样貌 167
心理学的基础是辩证 170
理性心理学是改变自己的最好工具和方法 176
介于内心和事物之间的语言 184
结语 188

心理学研究的是什么？

就是向内观，向内看。就是以自己的身体和心意识为实验室，看看外界事物是怎样和自己的身体、心意识发生联系的；是怎样互相影响、互相制约的；是把心从外部事物和五官感官上拉回来；是把心的种种作用看清并去除，从而还原心的本然、本性。

我们人的身体就是由物质部分和精神意识部分组成的，其中物质部分是精神意识部分的基础，为精神意识部分而服务。而精神意识是依托于物质身体而存在，并主导着物质身体部分。两者相辅相成，缺一不可。人的身心和世界的关系亦是如此，人依赖于外部世界而存在，并主导和改变着外部世界，外部世界反过来又影响和制约着人的身心发展和变化，二者相互观待而存在。人是能认识外部世界的主体，外部世界被人类所认识，没有外部世界，人类就没有可认识的事物，而没有人类，也就没有对外部事物的认识，外部事物也就不可能被认识。人类对外部事物的认识越来越广，越来越深，越来越远，已经实现了从地球到月球的跨越，但是人们对自身、对认识事物的这个主体的能认识的心意识却知之甚少。人们对心意识的作用应用广泛，感受丰富，但对心意识本身却从未看见。心意识本身是我们每个人出生、成长、发展、变化的源头和根本，也是我们身心的家园和归宿。但是我们

却因贪恋外部世界的色彩斑斓,因为沉迷于心的作用和体验,而忘记了家的模样以及回家的路。

于是我们就成为一个无家可归的流浪儿,每天东奔西跑,心无所安,纵然坐拥豪华别墅,亦无丝毫的安全感。在我们的心意识中,家是我们的避风港,是一个充满爱和温暖的地方,是安身立命的根基,是精神放松的居所,是情感连结的纽带,是生命能量的源泉。但是由于我们迷失了回家的路,这一切便成为海市蜃楼若隐若现而难以企及。因此,找到回家的路,重回家园,这是于我们每个人而言当下最为重要的事情,因为只有让心重回家园,我们才能获得长久的平静和安宁,只有带心回家,我们才能获得一生幸福和快乐!

安住在家中的心

心安住在家中之时,家里是一片晴空万里,心在其中自由自在,无拘无束,就像一团棉絮,它因蓬松而暄软而轻盈,可以到达任何一个想去的地方。外面的一切则是流散的,都在飞速地向四下分散奔走,没有一个固定实有的东西。它们虽然存在,可以看得见、摸得着,但却如同梦境中的景象一般虚幻无实。虽然看起来就在眼前,就是那么活灵活现,但是当你伸手去抓,却抓不到一个实际的东西。

而心一旦溜出了家门,就会被外界的某个事物所吸附,被心中的某个影像、想法、念头所缠缚,于是心就失去了自由,就有了挂碍,有了牵绊。好比一只吹足了气的气球,它可以在空中自由飘荡,不管你在这个空间里面设置了多少障碍,它都可以见缝插针般轻松穿越。但是如果我们给这只气球绑上一根绳子,它在穿越障碍之时就可能被某些东西缠住。如果我们在绳子的另一端再绑上一个物品,那么气球的自由度就会更加减低。我们在气球上缠绑的东西越多越重,气球的自由度就越来越低,直至被紧紧地缠住,不能动弹。我们的心如同气球,原本是自由轻盈,没有任何拖累的,但是,一旦贪恋上了某个人、某个物,哪怕只是一丝一毫的抓取,在抓取的当下那一刻如果没有判断的智慧和专注的定力,稍有迟疑或犹豫,我们的心就会被某人、某物、某个画面缠缚

住了。一旦心被缠缚住了，它就失去了轻盈性，轻盈的特性是向上、轻松、无碍，与之相对的就是沉重，沉重必然下堕，沉重必然呆滞，体现在我们的身上，就是整个人眼里无光，没有灵动性，没有精气神儿，暮气沉沉。

　　心只有在家中安住才有能量，一旦离开家就会失去保护。安住在家里的心，就好像我们在家中自由自在，想吃就吃，想睡就睡，没有约束。可是一旦我们出了门，到了学校、到了单位、到了社会，就得遵循学校、单位、社会的各种规章制度，就不能想吃就吃，想睡就睡了。同理，心一旦离开家，被某一个事物被某一个想法、念头缠缚，它就完全失去了主人的位置和能力，而缠缚心的事物、想法、念头则是全然代替了心。一旦坐在主人的位置上，这些事物、想法、念头就如同田地中的草疯狂地生长和蔓延。这时心中隐藏着的那些过去见不得光的疑神疑鬼的想法、念头便通通涌现了出来兴风作浪。此时家已经无所踪影，体现在我们身上就是被外界的各种景象拉着东奔西跑，左右摇摆，没有专注力，没有判断力，随波逐流，一会儿喜，一会儿愁，一会儿乐，一会儿忧，犹如水中的浮萍既没有根基，也没有目标。

心的直觉感受

我们日常生活中会吃一些水果，苹果吃在嘴里那个感受就是心的直觉体验，是心的体验，除了那个体验什么也没有了。当你说苹果是什么味道？是甜的、酸的、涩的时候，甜、酸、涩并不是心的体验，而是一种语言表达，一种文字描述。在心的体验上并没有酸、甜、涩，只是那个苹果吃在嘴里的感觉，如人饮水，冷暖自知。但是与人交流沟通时要用语言来表达，要用文字来描述。怎么表达和描述呢？那就是酸、甜、涩。我们以手指指向月亮，是为了使他人顺着我们的手指看到月亮，所以手指是媒介，月亮是目的，酸甜即手指，吃苹果的感觉就是月亮。所以，心要守在家里，把苹果送进来，这样才能感觉苹果本然的味道。而心一旦离开家，跟着酸、甜去跑，那就只能感受到酸和甜，而不是苹果的本然味道了，因为酸甜不是苹果的味道。如同吃苹果的滋味，我们在与人交流沟通的时候，也是在体验对方，对方的语言中亦有酸甜苦辣之滋味，所以与人交谈的时候，便能通过对方的语言、语气、语速等感知到对方的心。

我们每个人本然有这种直觉体验的能力，学习则是为了加强和发挥这种能力，使我们面对客观事物的时候能迅速、快捷、准确、正确反映对面的客观事物，能用最少的时间，最快的速度，最接近客观事物的真实实际，从而为我们的行

为提供最正确、准确的信息和判断。判断正确了,行为也就正确了,那么在正确判断下的行为所带来的结果就亦是正确的。所谓正确,就是不伤己,不害人,对自己有利的同时无损害于他人,不仅在当时无损于他人,未来亦不会有损于人。

然而随着我们的知识日益增加,随着我们与外部世界的交流、交往领域、范围的拓宽,我们本然的直觉体验能力却在日趋降低和减少,有的甚至全然失去了这种能力。究其原因,就是因为我们的心不能安住在家里,不能把外部事物拉进来,反而被外部事物的五光十色、五彩斑斓所吸引,不由自主地随之流转,继而迷失了回家的路。《西游记》中第五十回,孙悟空要去化斋,但又不放心师父,于是就在地上画了一个圆圈。他对师父说:"我画的这个圈强似那铜墙铁壁,只要稳坐在中间,保你无虞。但若出了这个圈,定遭毒手,千万千万!至嘱至嘱!"这个圈是什么呢?就是我们心的家,只要我们的心安住在家里,我们的心就像一面镜子,什么妖魔鬼怪来了都能看清,什么情绪烦恼来了都能挡在门外,使之不能进来。可是只要我们的心离开了家,就好像一个小孩子被人贩子用糖果诱惑出了家门,离开了父母,那么他所面临的就是一生的颠沛流离和多舛的命运。

体验

　　日常生活中,我们常把体验两个字挂在口中。什么是体验呢?体是身体,验是查看、检查、证实,谁来证实呢?当然是心意识来查看和证实。证实什么呢?证实眼睛、耳朵、鼻子、口舌、身体的感触捕捉、摄取回来的信息是什么,也就是体验我们面对的人、面对的事情是什么。人和事情是紧密联系在一起的,说人就要看他做的什么事,说事就要看做事情的是什么人。他说的话是什么?他做的事和说的话是不是一致?有没有出入?出入有多?是稍有不同还是完全是两张皮?比如我要装修房子,在泥瓦工的施工过程中我看到了问题,于是我联系了工长,告知他我发现的问题。而工长呢,不是第一时间去核实情况,解决问题,而是反复地说:"没事儿,不要着急,不要生气,他们都是很专业的。我们干了10年了,从来没有出现过这样的问题,他们人可好啦,等等。"这就是答非所问,问题已经摆在了眼前,可是工长就是不看,就是反复自说自话。专业不专业不在嘴上,不在口中,在哪儿呢?纵然说一百遍一千遍的专业,那个问题仍然纹丝不动。纵然说一百遍一千遍的人可好了,可是出现问题之后,面对问题的态度和解决问题的能力一点儿也感受不到人可好呀!所以体验无需语言,也没有理由,而是直接感受。

　　如同我们吃苹果时,需要先问问别人苹果是什么滋味

吗？怎么表达它的滋味？甜、酸、涩怎么说？怎么写？通通不需要呀，咔嚓一口咬下去，感受自然上心头。我的老师常说，四目相对，喜欢、爱慕、仇恨、阴险瞬间就感受到了。此时没有语言，没有文字，只有最真实的直觉体验。但是一加入声音，一加入文字，一加入说法，一加入解读，直觉体验就被淹没了，就进入文字游戏中了。于是拔出萝卜带出泥，一个人、一件事就可以被无限放大，成了很多人很多事，说不清了。所以俗话说："不怕神一样的对手，就怕猪一样的队友。"

那么在哪儿体验呢？就在自己身上体验。什么时候体验？时时处处都在体验中。体验什么事？眼看、耳听都需要体验，无时无处无事不需要体验，不在体验中。有的人说看的书再多也不如实战，做心理咨询才是实际操练。给人做咨询是坐而论道，说的是他人的体验，他人的事情与自己无关。剖析自己才是身体力行，是面对智慧者的镜子查看自己脸上的尘垢，是体验自己的感受。体验自己在顺境中的感受，在逆境中的感受，在听到夸赞时的感受，在听到不悦之声时的感受，在被恭维时的感受，在被拒绝和奚落时的感受。只有在面对这些不同的人和事的时候，相应的喜欢、不喜欢，舒服、不舒服的感受才能激发出来，才能体验到。而面对这些不同的人和事，不正是我们的日常生活吗？

我们从早上睁开双眼，就开始进入了面对人事的各种场景，此时不体验更待何时呢？等约个时间，我们坐下来谈体验的时候，体验已经悄然关上了门。这时，我们谈的不是体验，

而是文字语言，与体验无关，与感受无关，与心的直觉无关。只是语言的互换，没有心灵的碰撞和交融，彼此找不到内心，又如何解决内心的问题呢？所以我们每天的一举一动、一言一行，每天与外部世界的沟通，每天与内心世界的对话，都是为了增加体验感，都是在体验自己，体验他人，体验事物，体验世界。

　　自己的身心就是体验最好的实验室，能够充分体验到自己的感受，自然就可以深入地体验他人的感受。为什么呢？因为先人说此心同此理同。我们都是人的身心结构，都是面对着同一个世界，能感受的心意识也一般无二，唯观念不同，认识不同，时空不同，故而产生了无穷无尽种种不同的感受。

用词为达义

我们日常生活、工作、学习中使用语言文字是为了表达自己内心的想法,是为了表达我们内心所面对的人与事的含义,所以用词越简单,我们对人和事的感觉越明了。我们的内心如同镜子,身体之外的事物在没有其他阻碍的情况下会直接呈现在镜子面前,直接映入镜子当中。此时,这个事物在镜子中的影像便于镜子外的事物的真实情况最接近。也就是说,当我们的心意识与外部事物直接接触,直接感觉和感受,这时内心感受到的外部事物就是最接近真实实际的。但是,如果在镜子和事物之间挂一层纱帘,镜子中的事物影像就会变得模糊起来,看上去不那么清晰、清楚了,纱帘越厚越密,镜子中的事物影像就越模糊、越朦胧,直至看不见。

同理,大量的语言文字阻碍在我们的内心和人与事物之间,我们的直觉感受便越来越迟钝了。为什么呢?因为此时心是空洞的,心被语言文字勾走了,跟着那些"美女、帅哥"等等炫酷的语言文字走了,主人出了门,家里自然就空荡荡的了,那么谁来觉察事物呢?当然是没有人了,所以也就什么都不明白了。

我经常看有关大熊猫的视频,那些视频中的讲解员对大熊猫的动作、神态、表情、行为描述得绘声绘色,在他们的口中,大熊猫简直就是活脱脱的一个人,一个精灵般的存在。

看久了、听久了,好像真的感觉那些大熊猫就是人了,已经要开始说人话了。而实际是什么呢?当你实地去动物园看一看大熊猫,它们就是一个个憨态可掬的大型动物而已,它们只是本能地吃喝拉撒,本能地奔跑、上树、打滚。虽然说万物皆有灵性,但它只是动物的灵性,永远也不可能成为人的灵性。有一点不得不说,随着人们和动物的亲密接触,动物亦随着人的思维的快速进化而加速进化着,动物们的学习能力在人的引领下也得到了成长和发展。

回头再看我们自己又何尝不是如此?过度包装、过度修饰早已与用词为达义的目的渐行渐远,甚至背道而驰了。想真正清楚、明白地了解一个人、一件事已经变得越来越困难起来,各种各样的头衔、名称满天飞,什么博士、大师、创始人、CEO、金牌人、钻石人、宝石人,什么这财富那金钱,各个招牌挂得当当响,亮得晃瞎眼,任谁在这色彩斑斓的世界里也分不清谁是谁。心被这些五光十色、美轮美奂的景色吸引着东奔西跑,早已晕头转向,没有了丝毫的觉察能力。实际情况是什么呢?就如赵丽蓉老师的小品《报菜名》中所说,就是一盘白萝卜。

天上不会掉馅饼,守住自己的心,心只有在家中安坐,才能看清五光十色下的真实情况,才能分辨出是人是妖。《西游记》中三打白骨精的故事就是要告诉我们,不要跟着现象跑,不要跟着外表走,不要跟着语言文字走。要看现象下的内涵,要看外表下的实质。要看语言文字中的深意,这才是真实不虚啊!

"我"是谁？

"我"作为第一人称代词，在我们的生活、工作、学习中应用最为广泛，使用频次最高。从牙牙学语的小儿到趋近生命终结的老者，无一不在时时处处说着"我"，那么"我"究竟是谁？又在哪里呢？也许有人会拍着自己的胸脯说："你是糊涂了吗？这不就是我吗？"那我们今天就来分析一番，这个我们既熟悉又陌生的"我"。

所谓的"我"不过是我们的物质身体和精神意识，物质身体和精神意识相互依存，缺一不可。而"我"则是依着这个物质身体和精神意识起了一个名字叫"我"，离开这个物质身体和精神意识，并没有一个独立可见的"我"的存在。假如确有一个"我"的话，那么谁是"我"呢？站在你自己这一方，你说是"我"，站在他那一方，他也说是"我"，站在我这一方，我也说是"我"，那么谁才是"我"呢？可见，"我"只是一个称呼，一个称谓，是一种语言，一种文字，并没有实质。

有人说，这个身体就是"我"呀，身体由头部、颈部、躯干、四肢、皮毛、筋骨、体液等等组成。头部是"我"，还是躯干是"我"？胳膊是"我"，还是腿是"我"呀？这个身体上有如此多的脏器、骨骼、关节组成，那得有多少个"我"呀？恐怕自己也数不清了。我们可以在身体上找到胳

膊、腿、手、脚,这些肉眼可见,看得见,摸得着。即便身体内的内脏器官不能如手脚一样肉眼可见,但是借助B超、核磁等医学设备,亦可以准确地指出它们的位置,亦可以在医学设备中清晰地看到它们的影像。唯有"我"不管是肉眼还是B超核磁,哪怕是用显微镜、放大镜扫描全身也找不出一个"我"来。所以,这个"我"虽然天天挂在我们口中,但它却没有我们想象的那么坚实,那么真实般地存在。

虽然这个"我"根本在我们的身心中找不到,但是它却左右了我们的一生是幸福快乐还是烦恼痛苦。为什么会这样呢?究其原因,就是我们抓错了对象,我们的身体是存在的,精神意识也是存在的。当我们的五官感官与外部世界接触时就会产生感受。比如,眼睛看到强光会有感受,看到弱光会有感受,耳朵听到声音会有感受,口舌尝到味道会有感受。外部事物被眼睛摄取回来反映在心会形成心中影像,成为想法、念头,但是这些都是眼睛、耳朵、鼻子、口舌、心在看,在听,在想,在感受,而不是"我"在感受,在听,在想。由于我们在观念中树立了一个"我",因此慢慢地就好像变成了"我"看,"我"听,"我"想,"我"渐渐地就取代了眼睛、耳朵、身体,在"我"的强大势力之下,眼睛、耳朵、身体就被淹没了,人们只能看到"我",除了"我"什么也看不到了。所以在身心与外部世界的接触中,"我"拥有了决定权和主导权。渐渐地,"我"好像已经脱离了身体,"我"成了身心的主宰者和驾驭者,"我"成了独立王国的国王,神圣而不可侵犯,而这正是一切烦恼和痛苦的来源。

我们从出生之后,这个"我"的观念就被植入心中,又经过家庭、社会、环境的不断熏陶。人人都是说"我"如何,都在说"我"怎样,都在围绕着这个"我"而运转,渐渐地,在我们心中好像就有这样一个"我"的存在了。于是这个"我"毫无理由而又堂而皇之地就占据了整个心意识的空间。当他人对我们发出了不友好的语言发声,这时耳朵仅仅是摄取声音,耳朵并没有受到什么伤害,但这个声音通过耳朵直接击中内心那个不可侵犯的观念上的"我",瞬间就和心中那个观念上的"我"紧紧联系在一起。于是这个"我"便瞬间爆发出一种能量,这种能量就是气愤和恼怒。这种能量不仅作用于内心,同时还作用于身体,表现出来就是人的气血上涌,脸红脖子粗,说话的声音抬高,言辞激动,身体僵硬,严重的还会晕厥。这些烦恼正是因观念上的"我"而引发的。

他人撞击我们的身体或打了胳膊一下,仅仅是胳膊在受到外力冲击下的一种感觉和反应,这种感觉有可承受和不可承受之差别。也许有人会说,如果这样说的话,那有人伤害我们,也不过是伤害了胳膊,伤害了脏器,无需理会吗?当然不是!我们的身体是现实存在的,我们的生命是现实存在的,没有人可以随意伤害他人的身体,伤害他人的生命。但是凌驾于身体、生命之上的我们观念中的那个"我"不是真实的存在。别人撞击了我的身体或胳膊,身体或胳膊有疼痛的感受是正常的,但是内心并没有受到撞击,没有疼痛的感受。而一旦加上这个观念中的"我",不仅内心也产生了疼痛的感受,而且胳膊上疼痛的感受也会被放大。因此,此时

你想到的不是胳膊受到伤害,而是"我"受到了伤害。

有另外一种情况,比如说我们去爬山,从山顶掉落一块儿石头,正巧砸在我们的胳膊上。这个时候你的感受又是什么样呢?你会对山不依不饶吗?当然,心中那个"我"的观念强大的人,也会抱怨和愤恨,只是因为他找不到可以相向的对象,只能悻悻作罢。

我们再换一个角度看看"我"。我们人的身体的组成元素、组成结构都是一样的,心也是一样的,身体和心的感受也是一样的。吃甜的东西都会感受到甜,吃苦的东西都会感受到苦,高兴的时候都是喜悦而溢于言表,悲伤的时候都是悲恸而痛哭流涕。那为什么拳头打在自己身上难以忍受,而落在他人身上却无感,却没有如同打在自己身上的感受呢?都是身体呀!都是生命呀!这就是因为"我"放置的地方不同所致,"我"放在这个身体上了,而你的身体是你而不是"我",所以感受才会截然不同的。就像那个身体上没有"我",这个身体上也没有"我",我你他只是站的位置不同,是相互观待而有,不是截然分割和独立的存在,只是在语言交流表达中的指称代词而已。

所谓的"我"是长久以来的一种观念上的存在,不去观察它的时候,好像它就是那么真实,那么生动,那么实在。但如果我们仔细去分解、分析一下,这个"我"根本就找不到一丝一毫的客观存在。正是这个似是而非的"我"造成了我们一切生活、工作、学习中的阻力和挫折,成为笼罩在我们晴空万里的内心上的乌云。乌云的出现,就意味着狂风暴

雨离我们不远了,这个狂风暴雨就是我们内心中的焦虑、愤怒等等一切情绪。看清它了,驱散它了,天空便恢复了一片湛蓝、晴朗、宁静,纵然我们的身体有这样或者那样的不适,但我们的内心始终可以保持平静、安宁和一片湛蓝。

学习的方法

我们每个人从牙牙学语开始就进入了学习的阶段，就开启了一生的学习历程，直至终老，古语"活到老，学到老"就是见证。不管是幼童的牙牙学语，还是小、中、大学阶段的数理化知识学习，还是步入社会的社会科学、人文科学的学习，不同的是各个年龄段，各个行业，各个领域的学习内容侧重点不一样，相同的是学习的方法、步骤、过程是一样的。是什么样的方法呢？就是出自先秦《礼记》的《大学之道》开篇所说："大学之道，在明明德，在亲民，在止于至善。知止而后有定，定而后能静，静而后能安，安而后能虑，虑而后能得。物有本末，事有始终，知所先后，则近道矣。"何谓大学之道？这还得从小学说起，小学、中学、大学是一个学习的拾级而上的过程。古之小学的学习内容是从一个人的行为规范开始的，是从洒扫应对上体现的，在家里面对父母长辈，面对兄弟姐妹，怎么样称呼，怎么样礼敬，怎么样摆正自己的位置，以达到长幼有序。家中事务如何分配，如何做好自己分内的事情，又如何团结协作，以达到各安其位。俗话说："没有规矩，不成方圆。"用今天的话来说，就是一个人自律的培养的开始，是一个人的行为习惯的养成的起点。这个时候并没有从思维上懂得这样的行为所蕴含的意义是什么，而是直接从行为规范入手，建立良好的行为习惯。

然后,慢慢从对现象的认识逐步提高到对内涵的认识,也就是说透过现象看本质,就是从感性认识升华到理性认识,这就是大学所要学习的内容了。

大学的学习要建立在小学的知识基础之上,对事物本质的认识要建立在对事物现象的认识基础之上,也就是说,作为一个人其根本是认识,是心意识对自己和对客观事物的认识,因为一切的善恶是非都是从这儿开始的。

大学阶段的学习就是要从思维上入手了,明明德的第一个明就是要明白、了知、明了,就是要清清楚楚,是因正确的理由推理而产生的内心的明了。第二个明是解决为什么要明,什么是明,怎么明的问题。

为什么要明?为了近道。道是什么?就是物有本末,事有始终,知所先后。也就是说要了解事物和事物之间的联系,了解人和事物之间的联系。事物都是在各种条件的组合下从无到有,从少到多,从小到大,从弱到强,一步步生成、变化、发展的,在整个发展变化的过程中,有主要矛盾和次要矛盾的转化,主要因素和次要因素的转化,有整体和局部的关系,有前因后果的顺序,会因各种条件的影响而朝着不同的方向发展变化,从而带来不同的结果。事物之间都是互相观待,互相影响,互相制约,互相辅助的,这就是事物的客观规律。

怎么才能真正明白这些客观规律呢?那就是要学习,依着知、止、定、静、安、虑、得这个顺序逐步深入学习,以达到近道的目的。那近道又为了什么,也就是什么是明?即明德、亲民、止于至善。对客观事物的规律了解掌握了,就

能去除我们的无知和愚痴，从而真正了解事物的内涵本质，使之服务于自己，继之服务于大众，以利己利人，并推向整个社会，达到一种和谐、和善的美好生活状态。

　　我们的日常行为无非是善与不善，善就是不伤己不害人，不善就是以损人开始以害己为终。做人就是要明白什么事情能做，什么事情不能做，什么话能说，什么话不能说。不利于积极、奋进、团结的话不说，有利于向上、阳光、团结的话多说，就是今天人们说的正能量和负能量。多接触正能量的人，少接触负能量的人。要明白、明了做善的事情有什么好的结果，做不善的事情会有什么不好的结果。良禽尚且择木而栖，作为人更应该首先懂得自保，远离危险，远离邪恶，远离戾气太重的人，远离憎恨心太重的人。为什么？因为近朱者赤，近墨者黑呀！多和品行优良、有智慧、有爱心的人学习和同行，慢慢地，自己也就被熏陶成了这样的人了。一个有智慧、有爱心、品行优良的人，不管是家里人还是周围的人，自然都会围绕在他的身边，自然会众星拱月般抬举他，追随他。这个时候，他已经有能力独善其身了，可是身边的人、周围的人还没有他的眼界、学识、能力呀，也希望能得到他的帮助，也希望像他一样那么优秀。怎么办？俗话说："羊有跪乳之恩，鸦有反哺之义。"一个人再优秀他也不是从石头缝里蹦出来的，也不是吃风饮露能长成人的，更不是不经过学习就能无师自通的，所以，一个人的优秀背后都是凝聚了很多人的付出和辛苦的。于是他就返回来融入大众，亲近大众，以自己的优良典范引领和带动大众一块向善向美，

这样的一个人,无论是独处还是在人群中,无论是逆境还是顺境中,无论是在金钱还是物质的诱惑下,都能保持自己良好的心性,都能始终如一地保持初心,坚守做人的道德规范和行为规范。那么,他就是培养和建立了自己的人格魅力,始终让自己恒定地走在正确的人生道路上,用实际行动诠释了人的价值和意义,成为他人学习的榜样和标杆!

知止而后有定,有了这样的标杆,就是有了人生的方向和目标。我们做任何事情都要有一个目标,有目标的行动每一步都是坚实的,都是到达终点的基石。用现在的话说,你走过的每一步路都算数。如果没有目标,那就像是无头苍蝇,即使辛苦一生最终还是无功而返,一无所获。知道自己要成为一个什么样的人了,知道自己要努力的方向和目标了,这时身心就可安定下来了。

怎么安定?就是说不再迷茫,不再摇摆了,能专心一意地朝向这个目标努力了。目标方向坚定了,心才能静下来,就不会今天想学学这个,明天又想试试那个,看到别人干这件事赚钱了心就发痒,看着别人干那个得到一点好处,心就敲小鼓,自己是不是也应该去干那个,人坐在这里,但是心静不下来,一有点风吹草动就跟着跑。而是非常笃定,就定在这个目标方向上不动摇了。心坚定了,也安静了,身体也就能坐得住了。这时,随着学习的进程慢慢地开始能看进去了,学进去了,开始产生了一点点的兴趣。兴趣是学习最好的老师,随着兴趣的浓厚以及对所学内容有了进一步的了解,从对所学内容的一无所知到开始一知半解,到有点入门,这

种变化带给自己的欣喜就是安。所谓安就是安乐，乐因安而起。有了这个进步，这个成绩，在兴趣的引领下，在愉悦的学习氛围中，逐步开动脑筋，深入思考，必有所获，即对事物从现象到本质的透彻了解和明了。

任何学习的过程、方法都是这样的，只是学习的内容不同而已，因而所得有所不同，这就是明的功能作用。我们的先人非常伟大，在两千多年前就深知这些道理，并用语言文字记录了下来，代代传承给我们这些后人晚辈。直至今天，这些理论与方法依然是指导我们发展前行的至宝，我们应该珍惜，更应该认真学习，使明德真正在我们的生活、工作、学习中实现由小到大的转化，由弱到强的转化，由贫穷到富裕的转化，由无知到智慧的转化！

知止而后有定

知至而后能定,定而后能静,静而后能安,安而后能虑,虑而后能得。这句话里的七个关键字分别是知、止、定、静、安、虑、得,从数量上看,只有少少的七个字,从字义上看好像也一目了然。然而对于它们真正的内义的了知,我却用了二十多年的时间。这七个字可以说是做事的目标、方法、结果,知是目标,止、定、静、安、虑是方法,得是结果。了解事物的过程总的来讲就是这七个字现有的排列顺序,但是在过程中的不同阶段,这七个字的顺序也是经常会发生变化的。知是知道、明白、清楚、明了的意思。生活中人们最爱说的一句话就是"我知道",其实呢,就是仅仅会说知道两个字而已。知是明白、明了,那么明白什么?明了什么呢?就是明白道、明了道。这个道又是什么呢?就是物有本末,事有始终,知所先后。本末就是现象和内涵,每一个事物都有它的现象和内涵。比如手机,现象就是一个长方体或正方体,前有显示屏,后有后壳,往里拆解就可以看到它的内部结构电路板等。它的内涵就是它的功能作用,可以接打电话,可以安装各种应用软件,之后就可以购物、办公、支付等等。

事有始终。事物是怎么开始的?是在各种条件的组合下而开始的,不会凭空而有。比如一颗树种子,把它撒在土地里埋起来,然后在空气、阳光、水分、肥料等等条件的配合

下,它就生根、发芽、开花、结果了。那么,从开始到终结又要经过哪些阶段?事物有开始就必然有终结吗?事物有开始就必然只有一种结果吗?对于一颗树种子来讲,它从开始到终结就是生根、发芽、开花、结果的整个阶段,但是有开始未必有结果。为什么?比如说这颗种子发芽了,这时路过了一头牛或者一只鸡,看到这个芽就吃掉了,那么它在发芽阶段就终结了。或者说在开花阶段被动物吃掉了,那么它在开花阶段就终结了。至于是不是必然有一种结果,那当然不是。比如好多户人家一块儿种植了苹果树,但这片的天空忽然降下冰雹,把正在发芽或开花或已结出果实的苹果树砸到了,而那片却没有。所以这片结的苹果就可能是坑坑洼洼,长得不周正了,而那片苹果树上的苹果就长得圆圆大大。

所以事物不是有始就会有终,在始终的过程中依然会受到很多因素的影响和制约。不是有因就有果,是因结果出来往前追溯才有因,才形成因果链条,而不是人们的习惯思维所认为的有因就必有果。这在东方叫实证哲学,就是在结果出现时去反观和追溯,观待结果而有因,有因而导致结果,不是有因必有果。事物不是想当然,只有诸多因缘条件结合才能够生成、发展、变化,直至结果。这些需要通过观察分析才可了知。

知所先后就是知晓、了知了事物的现象与内涵的关系。了知了事物的前因后果的变化过程。现象内涵即事物的外表及其内核,这里面就包含了它们的组成结构。比如手机的结构就是电路板,电路板上又由许多的零件构成,这些零件又

有它们的排列顺序，这又涉及了数量、空间等等的内容，然后是它的功能作用、属性。这么多的内容、关系在内心中了知得清清楚楚方为知。

看到这里，不知道你发现了其中的问题没有？这个知应该是得呀，是通过学习、实践而获得的知识、认识。如果一开始就了知了这些，那么还有必要沿着七步功夫学习和实践吗？是的！这个知是清晰、明了的得，是在从理论到实践的学习、体验中已经获得的认识。一开始的知是朦胧的、懵懂的，是毫无实践体验的。比如，现在的孩子们在出生后上幼儿园的年龄，父母亲人就灌输给他们长大要考大学，考一个好大学，将来找一个好工作，过安稳安逸的日子。于是家长们给他们看那些大学的图片，甚至亲自带他们去游历那些大学校园。于是为了将来考上好大学，孩子们就开始了各种各样的知识的学习。对孩子们来说，此时的知并没有真实的体验，只是语言文字、图像影像等等抽象的画面。

如同二十多年前，我最初开始学习心理学，其实那个时候我也不知道心理学到底是什么，能解决什么问题，是不是真的能解决问题，我甚至都不知道自己的问题到底是什么。只是不喜欢自己经常发脾气的样子，但又总是管理不了自己的情绪，内心总是不开心，总是不快乐，总是看不懂周围的人，看不清身边的事。所以在对自己，对心理学一知半解的情况下，懵懵懂懂地就踏上了这条学习探索之路。如今，我在经历了知、止、定、静、安、虑、得这七步功夫的学习实践之后，又回到了知的起点。这次我的知是清晰明了的，是

从理论上彻底明白了自己一生要追求和达到的目标是什么，应该怎么做才能达到目标。

与二十多年前的知相比，我已经获得了突飞猛进的成长。如今的知清晰而透明，自信而快乐。但是这一切都是从那个什么都不知的"知"开始的，都是以那个什么都不知的"知"为起点的。所以知、止、定、静、安、虑、得可以说是一个人一生学习成长的阶梯，而这个阶梯又是螺旋式上升的。一生中只有经过七步功夫反反复复地学习、实践、体验，我们才能真正明白事物的规律是什么，才能真正明白心的本然是什么，才能从心的种种作用中走出来，直到回到心的家。也只有安坐在家中，心才是自由的，快乐的、智慧的！

知至而后能定之知

知是理论，是思维上的认识，其后的止、定、静、安、虑是行为。一切的行为都以认识为先导，有了正确的知以及正确的行为，所得的结果必然是好的、善的、利己利人的。而最初的知无非来自两个方面，一个是成功的经验，一个是失败的教训。这些经验和教训是一代代先辈在自己的生活、学习、实践中发现和总结出来的。以他们的经验和教训为标杆，我们的生活、工作、学习就有了目标和方向，就能少走弯路，少付代价。所以于我们而言，最初的知很重要，它决定了止、定、静、安、虑，决定了最终将得到什么。

人生最初的目标决定了其一生的成就，孟母三迁的典故充分说明了这一点。一开始，孟家居住在墓地附近，每隔几天就会有送葬的队伍吹吹打打从他家门前经过。于是，孟子和他的小伙伴们闲暇之余，总是玩耍吹喇叭送葬游戏，乐此不疲。此时，他眼中的现实生活决定了他心意识中的世界就是那个样子。孟母看到这一切后，认识到了这个问题，于是赶紧搬家。这次他们搬到了城里，但是不远处就是屠宰场。孟子每天到屠宰场看杀猪，那些屠夫杀猪的手法熟练、干净、利落。孟子看在眼里，记在心上，不久，就可以模仿得像模像样，俨然一个屠夫。孟母看到这种情况非常着急，于是再次搬家。这次她把家搬到了学堂附近，学堂里进进出出的人

衣着干净、整齐，行为举止待人接物都是有礼有节，有礼貌，讲秩序。孟子也有样学样，变得懂礼貌，知礼仪，还时不时学着学堂的学子们一般摇头晃脑地读书，至此，他的人生彻底走上了正轨。

我的老师常说一句话，小孩子玩耍为什么不能玩得高级点呢？玩泥巴土石也是玩，玩钢琴乐器也是玩。不管多大年龄，不管学习什么，重点是在兴趣，以兴趣而学就是玩，难易深浅则是我们的一种观念。人们好像认为孩子玩泥巴土石是一件简单容易的事情，而读书学习则是一件复杂吃苦的事情。正是这种观念把我们的兴趣和学习分离了，使二者变成一种对立的关系，一有对立就会有抗拒，这种抗拒就成了我们进入某种学习的阻碍、阻力、障碍，使我们再也无法进入其中。前些天看到一个视频，一个小伙子为了丰富他母亲的闲暇生活，便教给她击打架子鼓。于是，这位老太太自信满满，充满活力地击打电子鼓的视频传遍了全网。这个兴趣和特长使她的老年生活充满活力、阳光、希望，充满正能量鼓舞了自己，也感染和影响了他人。

之前我一直在做一个比喻，我们的大脑好比一块儿田地，在这块儿田地上，如果不播撒种子，不能长出作物的苗，那么草就会疯狂地蔓延和占据整个空间。什么是草？就是人们每天睁开双眼之后看到的、听到的那些语言文字内容画面，这些语言文字画面不经过我们的选择，一股脑儿地全部装入了大脑，自然是鱼龙混杂，良莠不齐，成为心意识中的杂草。有一个视频，说的是马来西亚的一个学校里，先是一名女生，

全身僵硬，一言不发，随后抽搐摇晃，嘴里念念有词，继之，另几名女生也进入了同样的状态，然后更多的人受到影响而出现怪异，她们自己有着各种各样的说辞，一时间弄得人心惶惶。真的有肮脏的东西作怪吗？真的是集体中邪吗？其实，这种精神状态错乱的源头，是这些孩子们从小就听到了很多关于鬼神的传说，各种各样的鬼神的影像进入到她们的心意识中，并储存下来。之后，因为学习环境、学习压力等等方面的影响，内心的焦虑积累到了一定程度，便激发了心中的这些影像，于是便产生了各种各样怪异的言语和行为，再经过不明就里的人们的渲染，从此一发不可收拾。所以接触什么样的人，看什么样的书，听什么样的说话很重要，这些决定了知的形成。以什么样的人为榜样，树立什么样的理想，崇拜什么样的人，敬仰什么样的人，追随什么样的人，就是每个人最初"知"的起点。因此，作为父母，虽然自身不可能都是高学历、高素质，都是在优良的家庭环境中成长，都有着充裕的物质经济基础。但是，切不可因自己的无知和狭隘而将孩子推入井底，那样，他人生的天空就只有井口那么大了。

　　一个人每天看的、听的内容就是他的内心世界的全部，作为家长，作为自己，不能不知这个道理、原理。如果从思维上就没有认识到这一点，那么行为上又怎么会正确呢？结果也就可想而知了。

止的训练

所谓高处着眼，低处着手。目标要远大而高远，但是起步却要扎实而稳妥，决定万丈高楼能否立得住、立得久的主要因素是地基是否夯得扎实。所以树立了人生目标之后，就要止在这个目标上，从此，一切的生活、工作、学习都紧紧围绕这个目标而进行，以做到有始有终，善始善终。凡事都是说起来容易，做起来难，凡事又是会者不难，难者不会。学习之初，虽有目标为引领，但那个目标看起来却是那么遥不可及，很难想象凭借自己的微弱之力如何才能到达目的地。这时，老师的选择就显得尤为重要。有一天在公园走路，听到旁边走过去的几个人在谈论孩子们的学习，其中一人说，那天孩子的作业她看了之后无从下手，不理解题意，根本没有解题思路。于是她就向孩子同学的一位家长发出求助，那位家长给予了回复。她说人家讲得清清楚楚、明明白白，看了人家的解题思路和方法，自己也豁然通达了那道题目。相信我们每个人都有过如此的体验，生活、工作、学习中不管是面对一件事、一项工作、一道难题、一句话，每个人对其的理解认识和语言表达都相差甚远。有的人三言两语就能直指要点或者一语中的抓住问题所在，于是，听的人就瞬间头脑清醒，所谓听君一席话，胜读十年书。而有的人事情经他一说，越说越多，越说越远，听的人也越听越糊涂，越听越

头疼。不仅找不到正确的出路,甚至还会误入歧途。因此,止在哪里很重要,止在谁的身边很重要,也就是说为了到达自己的目标而选择的线路和向导很重要,因为稍有不慎就会远离自己的目标,甚至南辕北辙。如今不管是哪门学科,不管是哪个行业、哪个领域,各种各样的理论、学说、著作比比皆是。人人都在著书立说,都在宣讲自己的见解认识,这么多的说法似曾相识又不一样,到底谁说的对,谁说的不对?谁说的究竟,谁说的不究竟呢?于我而言,今天回过头去看自己走过的路,我是幸运的,因为我遇到了真正有智慧的老师,在老师的一路引领下所走的路都是正确的。

如何判断自己所学是否正确呢?

不管学什么,不管跟谁学,学习之后自己的头脑越来越清晰了,从感性思维上升到了理性思维,能分析、分解、判断、辨别是非对错了。更重要的是能应用在自己身上,自己的种种不良情绪越来越少了,烦恼越来越少了,内心越来越平静。当然,这种平静不是眼不见心不烦,不是什么所谓的放过自己,不去看,不去想,捂住眼睛不看就好像那些让自己心烦的事情就不存在了一般,而是可以透过一件事的现象,看到它的本质在哪里,是什么。是看到事情的现象之时,心意识不再紧追着感官所看的现象而执着、而作用,而是在感性思维运作之时能迅速地调动自己的理性思维介入其中,以理性思维正确解读所看、所听的内容,去分析、分解它,找到它的前因后果,找到它的症结在哪里,从而妥善地有针对性地解决它。

就如同医生看病,并不完全听从患者的叙述而做诊断。因为在患者的叙述中,夹带着很多的主观感受、主观情绪、主观想法在其中,医生在倾听患者叙述的基础上,要望闻问切,要做一些相应的客观检查,要结合患者的主观叙述和客观检查数据进行分析、判断、推理,以得出正确、准确、精确的诊断。有了正确的诊断,给予对症有效的方法,身体上的问题很快就可以得到解决了。身体上的问题解决了,自然

就会放下担心、焦虑、恐慌等等各种复杂的情绪，内心自然就会轻松愉快起来。所以，是不是学对了方向，学对了内容，自己是有感受的，而他人也能看到自己的变化是积极的、阳光的、朝气蓬勃的、欣欣向荣的。

当然，二十多年前的自己最初学习的开始是没有今天的辨别能力的，更没有今天的感受和体验，只有迷茫和困惑。那个时候并不认为自己是幸运的，即便是站在了危险的边缘也不知，而幸运地被人从边缘中拉回来也无感，就是每天生活在懵懂而不自知的状态中，乐此不疲，故《系辞》有说："百姓日用而不知。"有了目标，有了良师，就能一路扬帆起航，直奔目的地吗？不！这只是迈出了万里长征第一步，真正的考验还在后面等着呢。《西游记》中唐僧师徒所经历的九九八十一难，正是每个人成长、成熟、改变自我命运的真实写照。不经一番寒彻骨，怎得梅花扑鼻香！

学习之初最大的障碍是什么呢？

也就是说我们在改变命运的道路上所遇到的第一道关卡是什么呢？瞌睡、迷糊关。一拿起书来，读不了几行字就开始打瞌睡，脑子昏昏沉沉地想睡觉，书本就摆在面前，可是眼皮沉得由不得自己要合住，也不由自主地一点一点往下坠，就像那个小鸡啄米一样，根本看不进去。是真的因为没有休息好而犯困吗？不是！只要合住书本，只要离开书桌，人马上就清醒了。当然，不是读所有的书都这样，而是读改变思维的书，读开启智慧的书，读中国文化、逻辑、哲学类的书，往往都是这样的反应。我是这样的体验，之前也推荐过一些人读书，他们也是这样的体验。总之，就是一句话，一个瞌睡虫就把我们拦在了通向智慧之路的大门外，根本进不去。

怎么办呢？没有什么捷径，硬着头皮往下读，此时我就明白了为什么古之有头悬梁、锥刺股之典故流传至今，因为都是一样的身体结构，所以都是一样的身体体验和反应。我的老师总是说："吃着过油肉，跷着二郎腿，一不留神就成功了，这可能吗？想都不要想。"于是，便开启了与瞌睡虫的较量，也就是读书的自我管理。每天给自己规定读书时间，读书的数量，最初不求甚解，先完成数量，硬着头皮看，实在困了就用冷水毛巾擦擦脸，再不行起来走一走，然后继续坐下来看，也有的时候实在困得不行，就先睡一小会儿。但

有一点,每天规定的数量必须读完,在这个上面不能妥协和让步。身体是有可塑性的和记忆的,有一句话说:"困难像弹簧,你弱它就强,你强它就弱。"只要自己的决心坚定,迎难而上不退缩,这样坚持一段时间后,慢慢地瞌睡虫就退下去了。

好不容易从瞌睡昏沉中走出来了,刚想松口气儿,腿疼、皮肤痒又开始了,总之就是坐在书桌前浑身不自在。本来就读不懂书中文字的内义,一会儿头皮发痒,一会儿胳膊发痒,一会儿腿发痒,闹得人心烦意乱,根本就看不进去。

学逻辑、学哲学、学中国文化是为什么呢?是为了明理,为了明道理、明原理。明白道理和原理之后要做什么呢?是和别人一争高低分输赢吗?不是!是和自己心中不明白、不合理的想法和念头做斗争,是和自己的情绪和烦恼做斗争,是和自己的身体感受做斗争。疼痛、发痒都是身体的一种感觉,与心意识有关,但它绝不是心意识本身。心意识本身没有疼,没有痒,但它可以感知疼,感知痒,疼和痒是身体的一种物质反应。为什么会出现这种物质反应呢?因为我们要改变自己身体的旧习惯和心意识的旧习惯。一个人从某一天开始晨跑或者打球,最初身体都会有酸、胀、疼等等的表现,跑步打球就是对身体的一种约束,坐下来读书就是一种对身体的约束,对这种约束身体和心意识都有感觉,于是它们就要阻抗。为什么呢?因为人天生喜欢懒散、散漫、不受约束。

一个小孩子,你对他的言行举止进行约束,他就要闹腾。他想要这个玩具你不给,他就满地打滚,又哭又闹。这时候

怎么办？你训斥他打他，他就会安静下来吗？不会。你越训斥他，越打他，他哭的声音越大，闹得越欢，原来是一个人哭闹，现在加上你的互动，就变成了两个人的闹腾。此时最好的办法就是看清这件事，看清他的想法，不去刺激他，你只需要在旁边冷静地看着他，慢慢地，他的能量消耗下去了，也就没有劲儿再闹了。身体和心意识就像那个小孩子，当你看清这只是身体的物理反应，看清只是心意识的一种感觉和感受，是心意识的作用而已，在真正的心意识上，并没有这些疼痒之类的存在，守住自己的心意识，不去理会疼，不去搭理痒，慢慢地，这些疼痒的感觉就渐渐减退了。如果不是这样，而是随着疼痒的感觉跑，这儿痒抓这儿，那儿疼抚摸那儿，心跟着疼和痒来回拉扯，那你一分钟也坐不住，坐不下去，就得急着逃离书本逃离书桌。这正中了内心中无知愚痴的下怀，一次坐不住，一天坐不住，下次、再下次你就会一次比一次坐得时间短，一天比一天坐得时间短，慢慢地，就没有读书的决心和毅力了。一旦没有了决心和毅力，慢慢地，你就会放弃读书，也就全然没有什么止了。

《西游记》中，唐僧师徒四人跋山涉水，历经重重障难，终达目的地。现实中抵达自己的奋斗目标，改变自我的命运之路又何尝不是如此呢？只是跨越的不是那外部世界的崇山峻岭，而是来自自己的身体、内心以及周边亲朋好友的层层阻碍。瞌睡昏沉以及浑身的不舒服，在自己坚定的决心和顽强的毅力下渐渐褪去了。然而，新的问题又悄然而至。不知不觉中，自己身边的事情多了起来，每当自己坐下来翻开书

页,不是亲戚朋友光顾,就是同学同事打电话进来。不是聊些家长里短,就是邀约聚会吃饭。过去常联系的人,不常联系的人,关系走得近的人,走得远的人,不知不觉之间都向自己聚拢了过来,好像一时间自己的生活变得丰富多彩又热闹非凡。一旦进入这种迎来送往的生活场景,坐下来读书自然就成了生活中的点缀,而非知止之处。

所以,很多时候阻碍自己升华和前进的并不是自己不喜欢的人,自己讨厌的人,而恰恰是自己的亲朋好友。他们说:"读什么书呀,我们天天聚在一起吃吃饭、逛逛街、唱唱歌,这多开心呀。一块儿去游玩多快乐呀,这样不好吗?这才是生活应该有的样子嘛。人生在世就是要吃好、喝好、玩好,因为明天和意外哪个先到还不知道呢,该吃吃,该喝喝,该玩玩,这样即便是意外来了也不会后悔。"他们说的似乎很有道理。谁家需要帮忙你不能不去吧,否则就显得你太不懂人情世故了;谁家有什么喜事儿你不能不去吧,否则就显得你太扫人家兴了;谁家请你吃饭你不能不去吧,否则你的架子也太大了。这也不能,那也不能,于是我们只能每天游走在各种各样的社会人情交往之中。问题是,时间也随之一天天流逝了,今天这事儿,明天那事儿,天天有事儿。一天坐不下来,两天坐不下来,三天之后也就根本不想坐下来了。说好的人生目标呢?说好的止呢?都成了海市蜃楼,可望而不可即。

当然,我们也可以为了实现自己的人生目标,为了改变自己的命运而痛下决心,来一场彻底的断舍离,断开那些无

关紧要的生活琐事,舍掉那些吃喝玩乐的享受生活,离开那些无益无效的社交人群,坚定地继续行进在求止之路上,行进在知止之路上。然而,前面等待我们的又会是什么呢?

人最爱听谁说的话

不管年龄大小，不管男女老少，不管古今中外，上至皇族权贵，下至贩夫走卒，人最爱听谁说的话呢？当然是自己！且不说有身份、有地位、有学历、有学识的人，即便是没有受过什么教育的人，即便是在旁人看起来愚笨憨傻的人，他也毫不含糊地认为自己最对，自己最好。我们从小孩子身上就能看到，一个二三岁的小孩子，如果你对他的言行举止、行住坐卧提出要求或指出问题，他也会和你理论争辩，认为他自己是对的。甚至我们可以从动物身上看到这一点，家里养着的猫猫狗狗也会喵喵汪汪地表达自己的想法，坚持自己的行为，因为它同样认为自己是对的。这就是感性思维的体现，这就是一切动物与人类生来就与生俱有的感性思维，这种感性思维没有任何理由，不需要专门培养和训练，想当然、无条件地就认为自己是对的，而这恰恰是源于无知，源于缺乏观察、思考、分析的能力。

生活中我们时常可以感受到，越是无知的人越固执己见，所以才有无知者无畏之说。什么是无知？就是不明白。不明白什么？对外不明白外部世界的组成、发展、变化之规律，向内不明白身体与心意识之间的相互作用过程，不明白事物与事物之间，事物与人之间错综复杂的因果关系、时空关系、逻辑关系、对应关系和依从关系。为什么无知？因为我们每

个人都是生活在自己的世界里,我们的世界就是井底那么大,我们的天空就是井口那么大,超出的部分没见过,也没听过,故而不相信也不认可它们的存在。

说起来可能人人都认为这是在说别人呐,跟自己无关,其实这就是我们或者说就是我。二十多年前,我几乎是一个纯感性的人,感性就意味着固执、任性,说话做事没有经过大脑意识思维分析的习惯,总是想到哪儿就说到哪儿,想到哪儿就做到哪儿,这正是需要改变的地方。改变来自两个方面,一个是思维层面,一个是语言行为层面,一个是心意识方面,一个是身体方面。生活中我们都有体验,纠正一个行为习惯都很难,改变认识观念那就更是难上加难了。老师再伟大也不及我们心中"我"的感受的力量之强大,在我们心中,"我"永远是那个至高无上,无与伦比的存在。不管在什么场合,你仔细听一听人们谈论的内容,无不是在夸赞自己,很少有人在剖析自己,反省自己。即便是在某种特定的环境中,人们嘴里说着自己的种种不足和缺点,其内心是否真诚还需要打一个问号,甚至这只不过是换了一种表达方式夸赞自己罢了。所以学习之初,在老师身边学问没有长进,倒是情绪和烦恼平添了不少。人人都喜欢随心所欲,没有约束,所以稍加约束就会感觉接受不了。《西游记》中,每当唐僧训斥孙悟空,孙悟空抓耳挠腮不服气,争辩不过就一走了之的样子,正是自己的真实写照。那个时候的自己也总是上演一走了之,一再不受教的戏码。所以,尽管没有了外界的干扰,自己内心的烦恼还是让自己坐不下

来,不能止在目标之上。

大学之道,在明明德,在亲民,在止于至善。这一切不是会读这几句话,会背诵这几句话就可以了,因为仅仅是会读会背诵这些话跟自己毫无关系。我们真正要做的是把这几句话变成自己的思维,自己的行为,使之成为自己的人格、人性。这是一个长期的学习过程,一个终身的改变转化过程,非一日之功可达到呀!不管是家长对孩子,还是老师对学生,教育的手段无非是两个,即鼓励和批评,但目的只有一个,那就是引导我们走向止于至善之路。

唐僧师徒的西行取经过程,就是一个人的观念、认识改变的过程。从一个懵懂无知只有感性思维的人,升华为具有理性思维的人,这中间要走的路漫长而曲折。孙悟空一个筋斗十万八千里就可以到达目的地,为什么师徒四人却要历经十余年的时间呢?常言道,一念之差,差之毫厘谬以千里,又说一念天堂,一念地狱。回头看过往,那些年困扰自己的烦恼、痛苦和快乐之间不就是一念之差吗?这一念是什么?又差在了哪里?这个问题弄不明白,无论学什么做什么,始终都在烦恼的漩涡里流转,根本走不出来。这个问题弄清楚了,当下就可以从烦恼中走出来,当下就在目的地。正如《青玉案·元夕》中所写"蓦然回首,那人却在灯火阑珊处"。也就是说我们找到了自己的心,看到了自己的心,带自己的心回到了心的家里。

现在的人最爱说的一句话,"要听从自己内心的声音,要跟着自己的心走"。这句话本身没有毛病,问题在于我们

从来就没有见过自己的心。不信，你问问自己，问问身边的人，有几个人能说出心是什么样的呢？我们平常说的心实际上是念，所谓的念就是想法、念头。心只有一个，而念却是无穷无尽，而且一分一秒也不会停歇地运行着。心的主体是平静安宁的，但是念却是杂乱无序，没有条理的。打一个比喻，一片海水在静止的情况下能映射出天空的蓝色，能映射出水面上的人，岸边的树，等等。如果一阵大风吹来，水面就会产生一层层的水波，这些水波就是一层层的涟漪。如果风力很大，就足以使水面产生波浪甚至狂风巨浪。这时我们就看不到水了，而是看到了涟漪和波浪。静止的水如同心，涟漪和波浪就是我们的想法和念头，它们来源于水，它们的本质还是水，但是它们的现象却与静止中的水不同，因为它们呈现的是涟漪和波浪。

想法和念头来源于心，是心的作用，是心意识中的影像，但不是心的本体。我们就是没有把心和念分开，错把念当成了心，所以一念之差，便差之毫厘谬以千里。《西游记》第七十九回中，孙悟空一共吐了17颗心，分别是红心、白心、黄心、贪心、名利心、嫉妒心等种种善心和不善心。准确地说，心只有一个，心本身就如同平静的海水，没有什么善不善之分，一切好坏善恶都可以在心中映射出来。而念则有善不善好坏之分，念无穷无尽，生生不息。心跟着念走，就如同随着巨浪翻滚，怎么可能看清事物是什么样的？怎么可能看清内心是什么样的？怎么可能看见心，找到心呢？因为心已经随念而离开了家，向外随波逐流，随风飘荡了。就如同

我们在狂风巨浪中只能看到风，看到浪，却看不到平静的水之原貌了。

知止而后能定

随着时间的流逝，随着学习的推进，我们那颗心猿意马的心稍稍安稳了一些，身体渐渐能坐下来，能坐得住了。这个时候才是真正开始进入学习的状态，开始了解、了知所学的内容是什么，也就是事物的现象是什么，事物的内义又是什么。我们读的书是文字，文字的背后是事，事的背后是义。也就是说，文字是手指，内义是月亮，他人用手指指向月亮，我们顺着他人手指的方向就可以看到月亮，可以到达月亮之上。我们所读的书、文字是一代代先辈在自己的生活、工作、学习中探索发现和亲自实践之后的经验总结。他们对外部世界的物质生成、发展、变化、衰亡的过程进行了探索，对物质内部的结构、组合、排列及其功能作用、属性进行了研究，对与客观事物相对的主观认识自身进行了观察，对主观认识了解外界事物时心意识的运作过程进行了分析，最终形成了他们的认识观念和理论，并用文字记录下来传承给我们，使我们在探索客观事物和认识自身的道路上，少走弯路，少碰壁。

论语开篇说："有朋自远方来，不亦乐乎！"现实生活中我们可以看到，一个老师虽然有很多学生，但是他用毕生的精力所学、所研究、所掌握的理论和技术，真正能传承下去的寥寥无几。在诸多的学生中，大多数只是掌握了皮毛，

能掌握到精髓要义的人可谓凤毛麟角,甚至有的就因无人传承而失传了。所以,为了不使自身的心血付诸东流,为了让后人们在探索追求人生的幸福快乐的道路上有章可循,圣贤们就把自己的发现和总结以文字记录的方式留存下来。不管历经多少时日、多长时间,一旦有人捧读这些经典,一旦透过他们的文字进入他们的内心世界,一旦透过这些文字看到了他们所说的事和他们所表达的深义,先辈就是后辈的老师,后辈就是先人的朋友。对先辈来说,没有比看到有传承的人更感到欣慰的事儿了,而对后辈来说,没有比找到人生幸福快乐的领路人更感到高兴的事儿了。他们彼此心心相印,跨越了时空,超越了一切语言和文字,只有内心纯然的感受。

一开始的学习是枯燥乏味的,看着书中的文字,几乎每一行每一个字都能认识,并没有什么生僻字。而且这些文字在过去的生活、学习、工作中理解起来并不困难。可是经过现在的排列组合之后,每一句话都难以理解,面对这些文字,就如同面对着一座座高山壁垒,难以企及,更别说跨越。更想不到的是,自己过去从来没有发现心中的念头是如此的纷繁杂乱,脑子里面的想法、念头如同滔滔江水,连绵不断。平日里生活、工作、学习,心中有事,手中有活,似乎觉察不到自己心中的念头如此纷乱,现在坐下来开始读书了,身体静下来了,心也略略安定了,才发现脑子里的想法、念头如同潮水般汹涌而来。往往是眼睛看着书本,脑子里却是念头纷飞,浮想联翩。很多年前的事情以为早已忘记了,这个时候却像演电影一般一幕幕在心中闪过,不是回忆过往就是

虚构未来，唯独不能止在当下。

怎么办？没有捷径，原始简单的办法就是发现走神、分心了，就赶紧把它拉回来，就好像小孩子趁父母不注意就往外跑，父母一发现孩子跑了就赶紧拽回来，跑一次拉回来一次，跑一次拽回来一次。经过这样反反复复地走神、分心，反反复复地把思维从外面拉回到书本上来，慢慢地自己的注意力就能集中起来了。这个时候，学习的目标是明确的，学习的内容也是固定的，外界的人和事儿对自己的干扰越来越少，内心的想法和念头也有了短暂的停歇。从一开始的胡思乱想完全不受自己控制，到能把思维专注在学习内容上几分钟。从开始的跑出去很长时间才能觉察到，到现在跑出去一小会儿就能发现，继之是一跑出去就能抓回来。这样，自己的思维专注在学习内容上的时间就变得连续而长久了。

此时，虽然对书中的内义仍然不懂、不知，但是已经开始朝向了知的方向运行了。就好像我们要在炉子上烧开一壶水，过去由于窗户大开，使窗外的风刮了进来，把炉火的火苗吹得四下乱窜，根本就集中不到壶底，所以壶中的水自然也就无法烧开。现在把窗户关住了，没有了风的干扰，炉火的火苗又全部集中在壶底，烧开水就是很快的事情了。

以前在心理咨询中有一类人，他就是因为每天脑子里充满了胡思乱想停不下来而求助。我告诉了他这个读书静心的办法，让他读中国文化的书籍，可是他说："心静不下来，心静了才能开始读。"他愿意听我讲，在我这里的一两个小时他的心是静的，可是一天二十四个小时，即便是三天来

一次，一两个小时和七十二个小时相比，也只占1/72或者1/36，一的积累和三十六的积累显然相差甚远，远水是解不了近渴的。

在我这么多年的学习实践中，我发现读书才是最好的静心的方法。当然，跑步、瑜伽、听音乐、写字、书法、绘画甚至种植一些花花草草都有静心的作用，但读书的静心和其他形式的静心有着很大的不同。有什么不同呢？在读书的过程中会渐渐培养和形成我们的理性思维，也就是说，读书中是有具体内容的，这些内容是揭示客观事物和主观认识的形成及发展规律，是以理由来验证事物的存在与否以及它们是以什么样的形式存在的，它们之间的关系是因果或是从属，这些都是以理由和数据来验证证明的，不是自己头脑中的臆想，不是自己头脑中的想当然，所以这种思维是严谨、严密、周遍、一环扣一环的，因此它是专注而不散乱的。只有建立了这样的理性思维，我们才能从根本上解决胡思乱想的问题。

定是一种功夫

什么是功夫？在物理学上，一个力使物体沿力的方向移动叫做"做功"，功夫就是一个人在某个力的作用下朝着一个方向移动，一天有二十四个小时，一年有三百六十五天，一年、十年、几十年始终坚持如一日地行进在朝向目标的道路上，这就是功夫。只要功夫深，铁杵也可磨成绣花针。一个人从进入小学阶段开始拾级而上读书学习，没有这样的功夫，怎么能够顺利考取大学呢？三天打鱼两天晒网，一曝十寒，都是不可能有什么成就的。

这个功夫的训练过程，就是先让身体坐下来，这也是自律的养成过程。给自己规定一本书，然后规定固定的座位，固定的读书时间，固定的读书页码。一开始起步读书的时间可以短一点，读书的数量可以少一点，每天读半小时，读十页，不求质量，只求数量。可以大声朗读，也可以默诵。但是不管有什么样的事情打扰，都要尽量保证这四个固定。坚持一段时间之后，比较稳定了，就可以慢慢地延长读书的时间，增加读书的页码。重点是只能增加不能减少，只能前进不能后退。如果说今天有事儿少读一会儿，明天不舒服休息一天，这种定力是很难培养和建立起来的，做任何事情都是做几天就会不了了之。如果身体安不下来，静心也就莫谈了。

静心

　　身体能坐得住了，能安住了，功夫就要用在静上了。怎样才能达到静心呢？外界物质形形色色、林林总总，都有其本身的物质属性。比如说，辣椒吃到嘴里可使心跳加快，血液循环加速，让人出汗、神经兴奋。摇滚乐听了可以引发人强烈的兴奋、愤怒、悲伤等情绪体验，这些因素与静心背道而驰。同理，读书的内容对静心起着至关重要的作用。什么样的内容才有静心的效果？凡是把我们的心导向外部世界的五光十色中去追求和攀缘的，使感性思维增强和坚固的文字，都是使心散乱的。反之，向内观察自己的身体，观察自己的心，去拆解、分析事物和心意识的文字才可以使心静下来。

　　一直以来，我们有一个误区，那就是认为一切的生活、工作、学习都是在做加法，只有不停地获取、得到才能满足，才是人生的价值和意义。殊不知，正是这种获取和得到的观念，使我们的心终日心猿意马，飘荡在外，东奔西忙。看到这个我喜欢，便使劲儿去抓，刚抓到手，又看到那个更想要，于是又拼命地去拿，拿到手里还没有焐热，更好的又出现了，于是慌忙扔下它，继续去追逐。如今的物质发展速度日新月异，没有最好，只有更好。于是，就在更好的吸引和召唤下，我们的心一步步离开了家，越走越远。就像一个小孩子被五颜六色的糖果所诱惑，而跟着陌生人越走越远，最后一生都

不知道自己的父母是谁,家在哪里。

人生的幸福和快乐来自减法。所谓的减法就是理性思维,就是对外界事物和自身内在的观察、分析,把我们五官感官所看到的那些看似粗大、囫囵、坚实的表面现象击碎。这些表象就像一个个五色斑斓的肥皂泡,看在眼里心生欢喜,让人忍不住去追逐和抓取。但是一旦刺破它,瞬间就消失得无影无踪,使我们两手空空。理性思维就是使我们看清事物的本质,在认清事物本质的前提下,合情、合理、节制有度地创造和使用,使物尽其用,人尽其才,最大限度地服务于人类,造福于人类,这便是明明德,亲民,止于至善。

我们每天早晨一睁开双眼,眼睛、耳朵、鼻子、口舌、身体就进入了自动运行模式,家里的一切物品,窗外的一切景象全部映入眼帘。尤其是打开手机中的小视频,各种各样的内容、题材、画面便一股脑儿地涌进眼里,涌入心里,成为心中影像,成为心意识田中的种子,永不磨灭。在心理咨询中,我常常做一个比喻,就是苗和草的关系。我们的大脑好比一块儿田地,如果没有在田地上播撒农作物的种子,那么荒芜的时间长了,经过风吹日晒雨打,飘落在这块儿田地里的草种子就会生根、发芽,快速生长,然后疯狂蔓延,于是整个田地里就会布满了杂草。想要去除杂草,仅仅靠拔除是远远不够的。因为只是拔除了一片杂草,很快其他地方的杂草就会蔓延过来,又迅速占满了田地。前面拔后面长,拔除的速度远远不及生长的速度快。正所谓野火烧不尽,春风吹又生。所以,要从根本上解决这个问题,就是要在拔除杂

草的同时,播撒农作物的种子,使它在阳光、水分、空气、肥料的作用下生根发芽,长出苗芽,继而开花、结果。这样拔除一片草,栽种一片苗,慢慢地,整个田地里的杂草就被农作物的苗取代了。

我们的大脑、心意识的污染和净化也是这样的过程。如果不加选择地什么都看,什么都听,什么都往五官中收纳,什么都往心里装填。那么,我们的心意识就如同生活中的垃圾桶一样,泥沙俱下,良莠不齐,鱼龙混杂。这对还没有建立起理性思维,还没有具备分析能力的人来说是一件危险的事情。俗话说,近朱者赤,近墨者黑。我们的心意识好比一个容器,最初并没有香臭之分,好坏之别。但是同样的容器,一个每天往里面装香料,一个每天往里面装腐臭之物。时间长了,即便把容器里的东西全部倒掉,容器也同样有了香臭的不同,因为那种香臭的气味已经渗透到了容器之中。

有的青少年因家庭疏于管理,终日沉迷于电脑游戏中,游戏中充斥的那些毁尸灭迹、血腥场面看得多了,渐渐便深入到其心意识中,变得见怪不怪,习以为常了。当他在现实中遇到挫折、不顺等等环境因素时,他的心意识中迅速浮现出了游戏中的情境,于是,那些画面自然而然地就体现在了他的行为中,以至于面对鲜活的生命倒在自己面前仍然麻木无感。因为他在虚幻的游戏世界里待久了,已经分不出现实和虚幻了,已经把现实和虚幻混成一体了。古之孟母正是清醒地认识到这一点,故而三迁,只为给孩子提供一个优良的生活、学习环境。而如今的我们却意识不到这个问题的严重

性，意识不到一部手机就是我们的生活、学习环境。放眼看过去，地铁里、公交站、高铁站，只要是有人的地方，不管男女老少，人人手中握着一部手机，个个都在小视频里不断切换，人们根本不加选择，什么都看，什么都听，甚至主动从中寻找刺激点，寻找兴奋点。身处污浊中，怎么可能干净、安静、清净呢？

什么是安？

当我们的心意识持续落在所学的内容上，保持住一分钟、五分钟、十分钟乃至三十分钟都不移动，这便是有了定的功夫。以这种能力定在清净、阳光、积极的学习内容上，身心便会产生一种轻盈、喜悦的感受，这便是安。这个时候身体能安住了，心也静了下来，就像小孩子过去只要有小伙伴来敲门，他就会跟着跑出去玩耍，可是现在他懂得拒绝了，不会跟着走了。这个饭局那个聚会对自己的吸引力渐渐没有那么大了，对人声嘈杂的生活环境也越来越不喜欢了。坐在这里读书，虽然昏沉和散乱还会时不时光顾一下，但是它们已经掀不起什么风浪了，只要它们一露头，心意识便能觉察到，便能驱散它们。这时，心就安住在了家里，如同我们在外奔波一天，回到家后呈现的那种最松弛的状态般轻松、愉悦。

随着止定功夫的渐增，静安的状态也越来越自如。此时，我们的心就像那天空一般湛蓝、晴朗，不管云朵如何变化，不管打雷、闪电、刮风、下雨，都不能动摇它半分，都能始终保持住它的洁净本色。同理，这个时候虽然脑子里还是会经常胡思乱想，但是心已经能将它们看清，能和它们撇开关系，不会跟着眼睛、耳朵、鼻子跑，不会因色彩斑斓的外部世界和心中影像而迷失自我。心意识对身体，对想法、念头都有了一定的分辨能力和掌控能力。但是这会儿还没有到达

自己的学习目标，没有到达目的地，只是把前进道路上的障碍全部清除了，为下一步抵达目标做好了充分的准备。

把心意识和想法、念头拉开，把心意识和外界事物拉开，只是找到了思维的主体，思维的功能作用还没有发挥出来，潜能还没有开启。所以，这个时候还不能松懈，因为更大的考验还在前面等着呢。

知、止、定、静、安、虑、得，这是一代代先辈在自己的学习和实践中总结出来的学习顺序和路径，是我们抵达目标的道路上必须经过的各个学习阶段，这七个阶段环环相扣，衔接紧密，缺一不可。前一个阶段是后一个阶段的基础，后一个阶段又以前一个阶段为起点。在每一个阶段的学习中，自己的身心是有感觉的，那就是随着学习的深入，自己的思维与之前相比变得灵敏而细腻了一些，过去看什么事情都是那么粗大、囫囵，都是那样司空见惯。现在遇事心里会打几个问号，开始尝试分析和分解事物。同时，随着思维的细化，行为上的粗重也慢慢减少了，整个人在观念上和行为上都在渐渐发生着变化。所谓腹有诗书气自华，读书给自己带来了自信，带来了兴趣，这让我们对抵达目的地有了更强的愿望和力量，接下来才是思维、观念上的真正改变。

"我"的想法和念头

我们平时说话做事的习惯是随心、随性而为，表现在开头语总是"我觉得""我认为"，而不是说以什么理由来证明事物是什么样的，是怎样存在的。也就是说，我们平时的思维是感性的，是随着五官感官所看、所听的外部世界的景象流转，跟着自己内心的喜好厌恶旋转，遇事不经过分析，也没有什么理由，就是我想怎么样就怎么样，我喜欢干什么就干什么。

在这种感性思维的主导下，一切的生活、工作、学习自然不会处处尽如人意。因为人人都想依着自己的想法走，每个人心中都划分着我、你、他，而每个人心中的"我"都只有自己。所以，有"我"自然就没有你，有"我"自然也就没有他。这个"我"一旦树立起来，我的、你的也就随之而生。这是我的孩子，我的车子，我的这，我的那，那是你的孩子，你的车子，你的这，你的那。这些"我""我的"根深蒂固地深植于心，每天产生的种种想法和念头，无非是"我"如何获取更多，"我"应该拥有更多，等等。

"我"占据了心意识，盘踞在心中，任谁来也休想动"我"半分，而这正是我们的情绪和烦恼、痛苦产生的根源所在。怎么办呢？面对一块巨大的冰块，即使我们使出浑身的力气刀劈斧削，也不能使之瓦解。最有效的办法是以阳光照射，

在太阳的光芒下冰块日渐融化,越来越小,直至化为乌有。同理,面对我们内心坚固坚强的"我",只有智慧可以穿透它,而使之瓦解。所以,只有建立理性思维,才能让内心中坚固的"我"站不住脚,才能让它在如同镜子般明亮的心意识的面前显出原形,不然它就会始终在心意识中以各种各样的想法、念头出现和存在。

《西游记》中有一回是孙悟空三打白骨精,白骨精就是以不断变化而迷惑唐僧师徒。我们的想法和念头就是在不断地发生着变化,一会儿想这,一会儿想那,今天想这,明天想那,一刻也不停歇。如果没有前面止定静安的功夫,心就会随着想法、念头不停地奔波,而心一旦随着念头奔波就失去了它本有的洁净,就什么也看不清了。理性思维的建立,就是要让心安住在家里,不随想法和念头奔跑,这样它就可以以逸待劳。一旦想法和念头来了,就能第一时间发现它们并驱赶它们,让它们不能立足,不能兴风作浪。就像小孩子们玩捉迷藏,一人戴着眼罩,其他的孩子们就围在他周围喊叫、奔跑,如果他随着声音一会儿跑这儿,一会儿跑那儿,那他就一个小伙伴也抓不到。如果他原地不动,屏住气息,专注听取身边的动静,伺机而动,那么他就能准确判断出小朋友在自己身旁的位置,准确地抓住身边的人。

感性思维和理性思维

感性思维和理性思维是我们人的思维的两条主线，感性思维是依着五官感官产生的思维，它是向外摄取的一种方式。这种思维方式是与生俱有的，小孩子一出生就知道寻找母亲的乳汁，就能吸吮乳汁，不需要谁来教授。动物亦具有这种能力，大熊猫出生后的四十天左右才开始睁眼，到五十天左右眼睛才完全睁开，但是这并不妨碍它寻找和吸吮母亲的乳汁。无论是小孩子还是大熊猫幼崽，只要睁开双眼就会东张西望，就会去看、去听、去抓取，外面的一切静止的、动态的事物都会吸引他们的目光。与此同时，外面的一切事物又都随着他们的眼睛、耳朵进入到他们的心意识中成为心中影像。虽然这个时候在他们心中还没有名称概念，但是他们的心中影像已经形成，并且随着日复一日的熏陶，这些心中影像变得越来越深刻，成为他们记忆的初始资料。

而理性思维呢？一直沉睡在心意识中，等待着唤醒它的人。长期以来，我们有两个误区。一个是认为感性思维就是理性思维，好像孩子每天吃饱穿暖了，身体一天天长大了，健壮了，他就什么都知道了。二是认为知性思维就是理性思维。什么是知性思维？就是我们出生后，从家庭、学校、社会，从父母、老师、同学、同事等等那里学到的知识，这个知识包括事物的现象、事物的名称以及事物的功能作用等，

这些知识摄入心意识中，便成了我们心中的观念和认识。这些观念和认识以经验的形式存在于我们的心意识中，并逐渐成为我们的思维惯势。在这种思维惯势的主导下，我们形成了相应的行为惯势。认识是一切行为的先导，有什么样的想法就会产生什么样的行为，有什么样的行为就会产生什么样的结果。由此，我们一生的命运就被经验和惯势围成了一个圈，如同井底之蛙，终日在自己划定的井里生活、工作、学习，乐此不疲。这个井里的经验和惯性在某种程度上带给我们一些安全感，一些快乐的体验，这使我们感到满足和惬意。以至于境外是什么样的世界，我们无心去想，去探索。

感性思维和理性思维虽然看起来就是两条平行线，贯穿在我们的生活、工作、学习中。但是这两条线沿途所经过的风景截然不同，所去向的目的地也完全不一样，从一条线跨越到另一条线，无异于从地球到月球的跨越。感性思维有它的相应内容，那就是我们的五官感官所看、所听、所嗅、所尝、所感触的一切外部事物的颜色、形状、声音、气味、味道、感触等等。知性思维也有它的相应内容，就是给我们所看、所听的那些事物安利相应的名字名称，给它们的现象和功能作用安立定义和被定义。同理，理性思维也有其相应的内容，那就是对五官感官摄取的外部事物进行观察、分析、分解。感性思维看到的是事物在各种各样的条件聚合之后的粗大形象，而理性思维则是把这一个个粗大的形象逆行拆解，使其还原成最初的一个个零部件。知性思维是将名字、名称与实物牢牢锁在一块，理性思维则是将名字和实物拉开，还

原事物在组合初始未起名字的状态。同时，对心中的影像进行拆分，对能认识外部客观事物的主观认识进行拆分。这样，外部世界的客观事物、事物上的名字、心中的影像、心意识本身就可以显明地呈现在我们眼前和心中。这样哪个是天空，哪个是乌云，哪个是雷电，哪个是风雨就可以分得清清楚楚。这个时候心就是清清明明的，清清明明就是轻松、快乐的。近几天每到下午就会有一场大雨，天空被黑压压的云层覆盖，伴随着狂风闪电大雨倾盆而下。然而一个小时之后，便云开雾散，太阳又挂在了天空，天空依然是那样湛蓝和一望无际。同理，只要我们能守住自己的心，不管什么样的艰难困苦，什么样的逆境违缘，什么样的想法念头，不管它们的来势多么汹涌，也无法动摇我们的心，终究会云开见日，恢复心意识本来的清净和宁静。

诱惑我们的心意识离开家的因素有两个，一个来自外部世界，一个来自内心世界。外部世界中的物质、人、事处处充满了吸引力，对小孩子来说，各种各样的玩具琳琅满目，层出不穷，游乐场中的各种玩耍设施应有尽有，声光电的奇妙变幻令人目不暇接，根本看不过来，玩不过来。然而，天下没有免费的午餐，这种游玩的快乐需要以物质经济基础为支撑。所以，玩到了就开心，玩不到就伤心，整天就在高兴与伤感中极限拉扯。心意识游走在欲望和情绪之中，就像一个喝醉酒的人，左右摇摆，找不到家门。于成人而言欲求更多，他人拥有的一切都是自己的追求，尤其是与身边的亲朋好友相比，不甘落后，更不能落后。自己想得到的一定要得到，

自己得不到的他人也不能得到，整天在得到和失去之间权衡、比较，心无片刻安宁。来自外部世界的牵扯虽然众多繁杂，但是只要远离它们，尚可获得一时的安静。而来自内部世界的力量却难以摆脱，就像衣服上粘了口香糖，怎么也拔除不干净，这种力量就是我们心中那些纷繁复杂的想法和念头。这些想法和念头，一部分来自对外部世界的摄取，一部分来自存留于心中的过往影像，一部分来自现实的存在，一部分来自自己的虚构。更为重要的是，这些想法、念头如同鸠占鹊巢，占据了心意识的家，把心意识赶出了家门，而自己在心意识的家中肆意妄为，俨然成了主人，怎么也赶不走了。不仅如此，这些想法和念头就如同雨后的杂草疯狂地生长、蔓延，于是脑子里的胡思乱想越来越多，越来越不受控制。这时，焦虑、恐惧、疑神疑鬼等种种的身心问题便凸显了出来。

　　凡事都是一分为二的，内心的焦虑、恐惧虽然让人难受、痛苦，但正是这种难受和痛苦的产生才可以让我们意识到身心的苦难，激发我们去寻找造成这种苦难的原因，从而寻根溯源，找到并去除造成这些苦难的根本原因。从这一点上来看，苦难并不是一无是处，它可以引发我们深入的思考。人在享乐的时候不愿意思考，不想思考，不去思考，因为享乐的感觉是那么舒适、惬意。孙悟空最初来到花果山，带领群猴们找到了宝洞，它们在洞里花天酒地，醉生梦死，畅饮嬉戏，好不快活。正是因为一只猴子的死亡，才使它们猛然醒悟到猴生不仅有享乐，还有痛苦，享乐和痛苦共生才是现实生活。于是，它开始思考猴生，并踏上了寻求不死之路。

说到思考,好像人人都会想。常常挂在人们嘴边的一句话就是"我想怎么样怎么样",这样的想是感性思维,连动物也有。这样的想只是围绕着生活中吃喝拉撒全部内容的一种惯性感性思维,这和理性思维对事物、对内心的观察、分析、审视、推理、判断完全不是一回事。感性思维侧重于五官感官的感觉,侧重于对事物的功能作用的应用。而理性思维侧重于心意识的感受,侧重于对事物的内外结构、组合、形成、消解的探求。一个停留在现象的层面,一个透过现象直达其一般本质和甚深本质。

感性—知性—理性是人的一生中学习、成长的三个阶段,也是人生的三种境界。没有人是生而知之的,都是学而知之的。只是因知的内容不同,也就是树立的人生目标不同,所学便不同。所学的种种差异又形成了各自不同的认识和观念,依着千差万别的认识和观念,又产生了种种不同的行为和作为。于是,在内因外缘的各种条件影响下表现出了各种各样的结果。所谓幸福的人生是相似的,不幸的人生各有各的不幸。这便是得。

得

什么是得？就是收获各种各样的结果。有一句话是只问耕耘，不问收获。单就这句话而言，可能人人耳熟能详。它真正的含义又是什么呢？在心理咨询中我常打一个比喻，甲乙两个农夫都以种植庄稼为生，甲在播种的季节到来时，精心挑选了优良的种子，对土地进行了认真的清理、翻耕、平整，去除了杂物、石块、杂草。

施肥、撒种、灌溉的每一个环节，都勤勤恳恳、实实在在地遵循着耕耘的规律，当这一切工作完成的时候，他就可以松口气，静待作物的生长、结果了。而乙呢？粗略地选了种子，敷衍地翻了土地，早晨要睡个懒觉，中午太阳又太晒了，下午还想去打个麻将，晚上又疲劳困乏了，施肥、撒种、灌溉等等的每一个环节都粗枝大叶、草草了事。然后，他也回家等着收获去了，他们两人等到的结果自然是不一样的。只问耕耘，不问收获于甲而言，因为之前的各项准备工作都是扎实到位的，所以他不需要问收获，收获亦自在其中。乙亦不需要问收获，因为不会有什么好的收成。或许他有很多的不甘心，他认为自己和甲一样，该选种子的时候选了种子，该翻土地的时候翻了土地，该浇水浇水，该施肥施肥，好像整个流程看起来都一样，而实际上每一个环节和步骤都有着很大的差别。差之毫厘谬以千里，每一步差一点，几步、十

几步、几十步下来就偏离了方向,所以从一致到分叉到渐行渐远,甚至南辕北辙,也就不难理解了。

得是结果,是目的地,然而这个结果不是最终才决定的,而是从一开始就决定了,是从知开始,在止、定、静、安、虑的过程中渐渐决定的。所以,理性思维从什么时候开始培养呢?是从小学、中学甚至大学再开始培养吗?不是!是从一出生就开始培养。许许多多的父母认为孩子太小了,知性、理性的内容对他们而言太难了,他们理解不了,玩玩泥巴、玩具就好。这是一种误区,难易只是我们成人头脑中的观念而已,对于孩子们来说并没有这种难易的概念、观念。相反,与成人相比,他们的头脑更清净、更纯洁。如果说把心意识比作一个容器,此时他们的容器还没有染污,没有杂草丛生,这正是播撒种子的好时机,此时不做更待何时呢?

俗话说,三岁看小,七岁看老。看什么?怎么看?就看他的习性,他喜欢什么,不喜欢什么。从他的言行举止看,从他的一举一动看,从他的喜好厌恶看。这个时候的孩子就如小树苗的成长,一旦发现长歪了,还可以修剪、纠正,使它向上向善发展。一旦错过这几年,树苗长成了树枝、树干,再修剪就困难了。看了一个视频,一位妈妈带着一个小孩子走在马路中间,孩子就哭闹不止躺在地上不起来了,这个妈妈丢下孩子,独自过了马路,这时有一辆汽车经此而过,不慎碾压到了孩子。作为父母一定要引以为戒,生育孩子只是一个开始,养育孩子、教育孩子的路任重而道远,这是需要专门学习的,不是成了父母就天生懂得的。如同小孩子吃饱

穿暖,身体长大,并不意味着心智不经开发就可以同步成熟。教育孩子的学习什么时候开始都不晚,而当下就是最好的时机,你准备好了吗?

外部世界的客观事物

我们人从一出生就开始面对外部世界的种种事物，睁开眼睛看到的是人和物，耳朵听到的是声音，鼻子嗅气味，口舌尝味道，身体进行感触。眼睛所看到的人有高矮胖瘦，脸或圆或方或瓜子，皮肤或白或黑或黄，物的形状或长或方或圆或不规则，全部不一样，正所谓世界上没有两片相同的叶子。颜色更是丰富多彩，红绿蓝以及依着这三种颜色又可以调和出橙、黄、紫、棕、粉色等等，细细分下去，可谓数也数不尽。耳朵听到的声音，有人说话的声音，大自然发出的雷电风雨声，汽车声，各种机械电子产品发出的声音，各种铃声、钟声等等，亦是数也数不清。鼻子嗅到的香臭气味，仅仅是花的香味就可达几百、几千、几万种，植物有植物的气味，食物有食物的气味，动物有动物的气味，甚至每个人身上的气味都不尽相同。口舌品尝的酸、甜、苦、辣、咸、淡，药物有药物的味道，果蔬有果蔬的味道，又可以分出上千上万种。身体的感触有冷、热、软、硬、滑、涩等等。我们的五官感官所对的这些颜色、声音、气味、味道、感触就是外部世界的全部内容，就是客观事物。也就是说，所有的客观事物都在人的五官感官的感觉范围内。然而，谁来了解、了知这些客观事物呢？只有人的心意识的感知最全面、最完整。动物亦有感知能力，因为它们亦有意识，但是它们的心

意识停留在了感性思维中,而人的心意识不仅有感性思维,还有知性思维和理性思维,这是动物所不具备的能力。

人是由物质身体和精神意识两个部分组成,物质部分与外界事物的组成相同,唯不同在精神意识。一切有意识的生命体都是由物质和精神两个部分组成,因此便有主观认识和客观事物之分,而主观认识又是客观事物的一分,主观认识与客观事物是相观待而存在的,主观认识是能了知、能认识的一方,客观事物是被了知、被认识的一方。主观认识所要认识的就是客观事物,而客观事物则是被主观认识所认识,二者缺一不可。没有主观认识客观事物也不存在,因为没有主观认识,客观事物就不能被认识到,而没有客观事物,主观认识就没有了认识的对象。所以,二者是相互依从、相互制约、相互影响、相互作用的关系。

不正确认识

虽然五官感官可以感觉、感知外部世界的客观事物,客观事物也如实呈现在人们的面前,但是在主观认识感觉、感知外部世界的客观事物之时,还是有着正确与不正确之差别的。其中不正确的认识来源于几个方面:

一、来自客观事物方面的不正确认识。

1. 行驶在高速路上,我们会看到远处的路窄,而近处的路宽。

2. 坐在行驶中的汽车、火车上,我们会看到道路两旁的树木、建筑向后方快速地移动。

3. 海市蜃楼的现象。

这些都是因外部世界的各种因素作用下在我们心中产生的错误认识,高速公路的路面不论远近都是相同的宽窄,道路旁的树木、建筑都是静止不会移动的,而海市蜃楼的形成更是与天气形势、气象条件、地理位置等等有着密切关系,是一种因光的折射和反射而形成的自然现象,它存在于某一处,但我们的眼睛看到的却不是那个真正的事物,只是那个事物在特定大气条件和光线折射下的虚幻影像。这些都是自然界中地形、地貌、气温、湿度、光线折射、反射等等因素综合作用产生的效果。

二、来自主观认识方面的不正确认识。

1. 五官感官造成的不正确认识，比如眼睛有病、长时间用眼、眼部疾病可使眼睛看到有黑影飘动，可看到天空中有两个月亮等重影现象。

2. 心意识错乱造成的不正确认识，比如人在情绪激动时可出现一过性脑供血不足，导致视觉异常，看到亮点或闪光。

3. 梦境或者幻听、幻视，这些都是因身体方面的原因或情绪方面的原因导致的所看、所听到的东西与现实实际不相符，是一种虚幻虚构的影像，在现实中根本不存在。如果认为这些虚幻是真实的，就伴随在自己身边，就出现在自己身上，那就是不正确的认识。

客观事物如何反映在心意识中？

客观事物的这些颜色、声音、气味、味道、感触是怎么样进入到心意识中，又是如何反映在心意识中的呢？我们人的五官感官是心意识的五个窗口。俗话说，眼睛是心灵的窗户。其实耳朵、鼻子、口舌、身体都是心灵的窗户，它们都与心意识直接相连通，但是这五个窗口彼此互不相通，各负其责。眼睛只负责看事物的形状、颜色等，不能听声音，亦不能嗅气味。耳朵只负责听声音，各种各样的声响、声波都能被耳朵所摄取，但不能看颜色。鼻子只负责嗅气味，各种各样的花香、果香、木香、草香都能被鼻子摄取，但是不能看，亦不能听。口舌只负责品尝味道，如酸甜苦辣等等，不能看，不能听，也不能嗅。而身体只负责感触软、硬、冷、热等等，不能看，不能听，不能嗅，不能尝。一切的颜色、声音、气味等等都是通过眼睛、耳朵、鼻子、口舌、身体摄取的，五官感官如同摄像机的镜头，把外部世界的颜色、声音摄取回来，储存在心意识的胶片上，成为我们的心中影像。康德说："五官不能思维，意识不能直观。"眼睛、耳朵没有思维的功能作用，只有直观摄取的作用，而心意识不能直接与颜色、声音相连通，必须以人的眼睛、耳朵为媒介。所以，五官感官直接看颜色，听声音，而心意识只能看到心中的影像和画面。

客观事物就是通过五官感官这条路径进入并以影像反映在心意识当中。外部的世界是客观事物，身体亦是客观事物，所以客观事物包含了外部物质和内部物质，物质的属性有共同点，亦有差异性。共同点是物质是客观存在的，不管是外部事物还是身体都是客观存在，有形有色，看得见，摸得着，还有运动性、变化性、延续性等等。不同的是，身体和各个外部事物的运动性、变化性、延续性各有各的规律性，表现形式千差万别。与之相比，心意识则是无形无色，不能直观看到，但是能被感知，能通过身体的表现形式和情绪反应等反映出来。

为什么要认识客观事物？

我们人是由物质身体和精神意识两部分所组成，其中精神意识是主观认识部分，物质身体是客观事物部分，与我们人相对的亦是客观事物，因此可以说，我们的主观认识亦是客观事物的一分，是依着客观事物而存在。人类一切的衣食住行都来源于客观事物，人类一切活动的生成发展都建立在对客观事物的了解、了知和应用之上。因此，客观事物就是我们生活、工作、学习中的主要研究对象。

如今，科学技术的不断突破和发展，使我们在各个领域取得了显著的进步和成就，信息技术、医学、能源、材料科学、生物技术、交通运输等等都与我们的日常生活有着千丝万缕的联系，并且正在影响和改变着我们的生活。事物总是具有两面性的，科技产品的大量涌现和介入，使我们从繁重的体力劳动中走了出来。但与此同时，也使我们的动脑动手能力得以退化，人们渐渐变得不喜欢劳作，不喜欢思考，而是更愿意简单地享受五官感官直接带来的刺激和感受。比如，人们已经不愿意花费时间在做饭这件事儿上，而是通过外卖快餐来填饱肚子。人们已经不愿意花时间在打扫、清洁、整理房间等一些生活家庭事务方面，而是喜欢躺着看手机、刷视频。做饭、做家务的过程中需要我们动脑动手，我们的眼里手中接触的都是实际的东西，而小视频都是影像画面，而

且其中的影像画面中的内容、语言文字不乏刻意修饰和引导的成分，这样它就完全成了一种虚构虚幻的存在。时间久了，这种虚幻虚构的东西大量涌入我们的心意识，成为我们心意识中的杂草，覆盖了整个心意识，成为心意识中的"真实"存在，而现实生活的实际反倒离我们越来越远，好像不存在了一样。渐渐地，我们就远离了客观事物，真实的客观事物被忽略了，而我们对心中那些虚假不实的影像却抓得紧紧地不放手。追着海市蜃楼跑，情绪烦恼痛苦也就自然而然地埋下了伏笔，待到条件成熟，便会开花结果，那就是陷入情绪的困扰中难以拔出。

如何正确认识客观事物？

首先，客观事物是存在于现实实际生活中的，是能被五官感官的眼睛、耳朵、鼻子、口舌、身体所看到、听到、嗅到、尝到和感触到的，一切客观事物都是具象的，有各自不同的形状、颜色、声音、气味和冷热软硬等状态。

其次，客观事物是在各种内外条件多种因素的共同作用下形成的，不是自然就有的，也不是什么造物主创造的。有时候我们看到海洋、陆地、天空就是那样存在着，从我们出生前它们就存在，我们死后它们还存在，于是心中不免认为好像它们就是那样自然而有的。其实，在地壳的变动，海平面的升降，地震，火山活动，人类活动等多种因素的作用下是会造成海陆变迁等现象发生的。在人类历史发展的长河中，我们每个人一生的生命周期是非常短暂的，如同一根火柴划过的一瞬间，很快就消失在了空中。所以，以我们个人的眼光看世界，就如同盲人摸象一般难以窥及全貌。

第三,客观事物从其生成的那一刻起，就朝着变化、发展、衰亡的方向运动着，直至消失。其中物质有物质的相续，意识有意识的相续，粗大的相续可以通过五官感官来了解，而微细的相续只能通过意识来了知。比如，春夏秋冬，花开花落，日出日落，人从出生到衰老的变化过程，作物从种子到果实的变化过程，树木从枝叶繁茂到枝枯叶落的过程，我们的眼

睛都可以直观明显地看到。但是今天的我们和昨天的我们相比，相貌体态上却看不出有什么变化，种子在田地里破土发芽的前一天和后一天，或者前一个小时和后一个小时的变化，我们用眼睛却无法看到。然而，不管是通过五官感官的感觉，还是以心意识的感知，这种变化都是真实而客观地存在着。

第四，客观事物依着各自的变化发展规律而存在，它们不以人的意志为转移。所谓轨生物解，任持自性。例如水是湿润的性质，风是流动的性质，地是坚硬的性质，火是烧热的性质。

第五，客观事物千差万别，山、水、花、草、植物、矿物等等层出不穷，无有穷尽。人们如何区分、分辨和认识它们呢？于是人们给各个不同的物种安立了相应的名字、名称。于是它们就以影像、名称概念、语言文字的形式存在于人的心意识中。而这些名称概念、语言文字在人的心意识中又逐渐成为观念，并主导着人的一切思维、行为，从而决定了人一生的命运。

一切生命都是天地的产物，顺应天地而生，顺应天地而变，自然就是在各种因缘条件的作用下生成的现象，只有各种因缘条件的组合，没有独立、静止、不观待其他的存在。也就是说，所以没有脱离各种因缘条件组合的自然存在。

实物与名称的关系

外部世界的客观事物形形色色，林林总总，不一而足。如今，随着科学技术的发展和人类智力的开发，人们的创意不断地推陈出新，每天都有新的产品问世，这就意味着每天都有新的名字、名称的诞生，而实物与名称之间是或然关系，不是必然关系。什么是或然关系？就是说每个实物上面的名字都是人为安立的，不是它本身带有的。比如一部新款汽车问世了，它是某个系列里面的第几代产品，于是大家就称它为某系第几，也就是 X1 或 X2，X 系列是人为安立的，第几代是人们不断在原有的基础上进行改进和提升，经过一次、二次、三次的改进，故称之为第几代。

一切在自然界中存在的植物、动物、人类等等，都是以这样的形式和规律命名的。大熊猫萌兰出生的时候并没有自带名字，它从母亲的腹中诞下的那一刻并没有名字，人们只能看到一只大熊猫的幼崽出生了。这个时候，饲养员在彼此交流之时要谈到它，要说到它，关心、关注它的姨姨们也要谈论它，如果不给它安立一个名字，人们就无法交流，甚至都无法开口。所以，人们先称它为萌萌崽，意思是它是大熊猫萌萌生下的孩子，它是大熊猫萌萌这个母亲的孩子。有了这个名字，人们就可以正常表达关于它的一切信息，诸如萌萌崽出生第几天了，萌萌崽的体重几天长了多少斤，它的身

体发生了哪些变化,它的活动、进食情况怎么样等等。之后,饲养员给它起了一个正式的名字叫萌兰,因关注、关心它的姨姨们对它的疼爱,又给它起名叫么么儿,还因为它在北京动物园居住,动物园位于西直门,它又是萌萌生的三个孩子中的老三,所以又叫它西直门三太子,等等。因此,它就有了很多的名字,但是这些名字都是它出生后,人们一个一个给它起的,不是出生时脑袋上就刻着的。所以,这些名字和这个大熊猫之间就是或然关系,而不是必然关系。

　　一切的人、物等等的名字都是这样人为安立的,都是一种或然关系。我们只听说过谁谁谁家生了一个男孩儿或女孩儿,从来没有听说过谁谁谁家生了一个张三或李四。正因为这样,这个名字便是虚假的,只是一个代号、符号、标签。为什么说名字是虚假的呢?因为名字只是一个语言发音和文字,上面没有实物。比如我们肚子饿了,这个时候不管我们口中说多少遍烧饼,在纸上写多少遍烧饼这两个字,我们的手中都不会有烧饼出现。同理,我们在家中叫多少遍萌兰,萌兰也不会出现在我们面前,否则,人人都不用去北京动物园看萌兰了,人人都可以在自己家里,想什么时候见萌兰,就喊萌兰这个名字,萌兰就出现在自己面前了,这样的场景只有在童话故事中可以看到,现实生活中是不存在的。虽然名字是假的,但是这个叫萌兰的大熊猫是真实存在的,它的确存在于现实中,它就在北京动物园里,人们到北京动物园就可以看到它,也就是说这个名字和实物之间是有对应关系的。

现实生活中还有一种情况,那就是一个名字或名称与实物之间并不对应,或者说只有名字却没有实物。因为名字、名称来自人们的心意识的作用,所以人们对名字、名称的安立就可以大于实物的存在,也就是说,人们可以脱离实物而安立语言文字。于是,这样的语言发声、文字就只存在于人们的头脑中、嘴巴里和文字上,这样的名字就是虚假中的虚假。

虚假的名字虽然是假的,不是实物,但是它是依着一个具体的实物而起的,所以这个名字仍然可以是人们共识的正确的名字,正确的认识。比如大家都称房子是房子,汽车是汽车,虽然汽车的名字上没有汽车的实物,但是一旦这个名字安立上去了,就成为一种共识。这样大家在交流表达时,一说到汽车就都知道在说什么事,具体说的是什么。而虚假中的虚假名字是找不到与之对应的实物的,比如一个骗子说他是某名牌大学的高才生,是海归,等等。而实际上除了这几个字之外,他并没有在大学读书就学的真实经历,他甚至都没有离开过国门。所以在他的语言下,并没有与之相对应的真实实物存在。

一般情况下,有真实存在的实物上安立的名字可以被大家公认,因此亦可说是真,那么与之相对,没有实物存在的语言发声、文字、名字名称就是假,所以客观事物和名字名称之间就存在着真和假的关系。也就是说,五官感官所感觉的事物存在着真假之分,感性思维有着真假之别。我们只有在生活、工作、学习中了解、了知了名字名称的真假之分,

在现实生活中才能正确地判断和选择。弄不清名字和实物的关系,搞不懂名字真假的差别,就会被那些天花乱坠的语言文字牵着鼻子走而不自知,以至于走错了方向,陷入虚幻的文字游戏中,远离了幸福和快乐!

见山是山，见山不是山，见山还是山

客观事物的存在是通过我们的五官感官来了解、了知的。俗话说，眼见为实，耳听为虚，说的是亲眼所见的现象比听闻来的信息更真实可靠。但是，在实际生活当中，眼见未必真实。比如，在一根绳子的一端绑一个火把，我们抓住绳子的另一端，胳膊挥起来画圈。那么，在他人眼里这个火把就变成了一个旋转的火球。火把是真实的，火球是虚假的。生活中很多物理现象和化学现象可以使我们的眼睛产生错觉，我们的眼睛自身的疾病以及身体某些脏器的疾病亦可以使我们的眼睛产生错觉，我们的心意识方面的疾病也可以使我们的五官感官出现错觉。比如，有的人会出现幻视、幻听。所以，我们的五官感官在摄取外部世界的信息时，会受到一些因素的干扰而产生错误认识。有的来自外界环境的地理地貌，地形变化，光线折射反射，风的走向，以及人为的一些活动，比如空谷回响，海市蜃楼，魔术师的魔术，川剧的变脸，等等。有的来自身体的疾病和心意识的错乱，这些都会造成我们五官感官上的错误认识。这些错误认识通过感性思维难以辨别，必须以理性思维的观察、分析进行分辨，才能走出误区。

生活中的错误认识不仅仅来自外界环境和五官感官，亦来自意识方面产生的错误认识。意识方面产生的错误认识除了幻视、幻听之外，还有其他的错误认识，只是这些错误

认识与幻视、幻听相比,更不易被觉察。比如,我们每个人都有名字,每个动物都有名字,每种植物、每件物品都有与之相应的名称,这些名字名称都是人为安立上去的。但是时间长了,我们便习惯成自然了,便认为这个名字和那个实物是一体的了,是一种必然的关系。因此,如果我现在说我手中写字的这个东西不是笔,马上就会有人反驳,那不是笔是什么?

"见山是山,见山不是山,见山还是山。"这句话尽人皆知,那么它又是什么意思呢?第一个见山是山,指的是我们眼中那个实在的山。我们的眼睛看到山这样形状的东西,把它摄取回来放入心意识中,马上就在心意识中进行比对、搜索,过去留存在心意识中的山的形状和名言即刻就显了出来,这个反应的速度太快了,比电脑的反应速度要快得多,所以,几乎是在眼睛看到这个形状的同时,意识就调出了山的影像和山的名字,于是我们便脱口而出"山"。这个时候,我们心中山的影像、山的观念与眼前这个形状的东西瞬间就浑然一体,根本分不开。这个东西就是山,山就是它,这就是感性思维的运行结果,这亦是一种错误的认识。

见山不是山,是理性思维对前面感性思维的运行结果进行分析、分解,这个形状的东西不是自然而有的,它是在各种条件因素的共同作用下形成的。在它生成的那一刻,人们给它起了一个名字叫山,就如同小孩子出生后起了一个名字一样,于是人们都叫它为山。因为山的存在时间比人的生命周期更长,所以好像我们一出生它就有,它就存在,它就是

山。实际上山只是人们给它安立的一个名字,这个山的名字不是自然就有的,这个形状的东西也不是自然就有的,而是各种条件因素组合形成的,形成之后它就一直在发生着变化,只是这种变化的速度超出了我们眼睛感知的速度,所以我们的五官感官所看到的现象就好像是固有的、不变的。所以,名字不是那个形状的东西,它的存在也不如我们眼睛看到的那么实在和固有。

后面的见山是山,是说虽然这个形状的东西不是山这个名字,但是人们给它起了这样一个名字。这个名字安立了之后,人们就共同认可这个名字,并以这个名字来进行语言文字的交流和沟通,所以见山还是山。这个时候人们的心意识中山的名字和这个形状的东西是分开的,语言文字上还是山,但是在人的心意识中,影像、名言、实物是分离的。但又是一体的,因为它们同指向一个东西,这就是心理活动最难认识到的地方,最难懂的地方!

值得注意的一点,虽然名字都是人为起的,但是一旦起了名字,大家就得遵循共识,这样才能更好地有效地交流和沟通。否则,对同一个事物,各人起各自的名字,那就成了鸡同鸭讲,说不清楚。如同以不同的语种,不同地域的方言交流,虽然大家心中想的是同样的东西,但因为表达的语言不同,导致交流中产生障碍和隔阂。而这种事物本来存在的现实情况和我们每个人心意识中的想法的差异,正是引发情绪和烦恼的根源。

客观事物的顺逆关系

我们所面对的外部世界的客观事物多得不计其数，数都数不完。怎么样才能快速准确地分辨和了解它们呢？所谓纲举目张，执本末从，就是说要抓住事物的关键，便可带动其他环节，抓住事物的主要矛盾，次要的部分自然就迎刃而解，这正是物有本末，事有始终，知所先后，则近道矣！

我们的五官感官在摄取外部事物的时候，是以一个粗大、囫囵、完整的影像抓取回来，这个粗大的影像乍看起来好像密不可分，但只要细细观察，便可找到蛛丝马迹，从而打开进入其内部结构的大门。比如，面对一个陌生人，我们从来没有见过他，没有听说过他，也不知道他叫什么，是干什么的，来自哪儿。乍一看，好像一无所知，根本无从下手。但是只要定下心来，细细观察，仔细打量，还是可以捕捉到很多信息。比如，先看他的身高、体貌、高矮胖瘦，皮肤粗糙还是细腻，肤色白皙还是黝黑，肤色红润还是憔悴，衣着是否得体、整洁、合适，头发、手指是否干净，表情丰富还是呆滞，以及他随身携带着什么样的物品，等等。再听一听他说话是普通话还是方言，是哪儿的口音，他说话的声音是大是小，流畅与否，说话时眼睛坚定还是游移。再听一听他说话的具体内容是有事实为依据，还是纯属信口开河，是有具体的事物还是天马行空，等等，以此作为自己判断的依据。

人是客观事物的一分,与自然界的关系密不可分。也就是说,我们是生活在现实世界中而不是真空里,只要生活在现实中,就要与人和物接触,只要接触就会留下印迹,所谓雁过留声,人过留痕。不同的生活环境在每个人身上体现出来的行为举止不同,经过部队熏陶的人往往身姿挺拔,行住坐卧皆有模有样。说一个有趣的事儿,据说北动大熊猫萌二的饲养员是从部队退役的,他常常把萌二的被子叠成豆腐块,以至于萌二也学会了叠被子。而散养家庭里成长的人,尤其是无人管教的孩子,长大后则多是站没站样,坐没坐相,行为举止随意、任性,毫无章法。因此,一个人的外表长相、言行、举止里无不透发着他的成长环境、受教育程度、职业特点与内心稳定与否。我们在破案的视频中常常可以看到,作案人在作案后往往把现场破坏得七零八落、支离破碎。他为什么要这样做呢?就是为了把一个完整的信息链打乱拆分之后,让人无从下手,无从辨别和判断这里发生了什么样的事情,缘由是什么,都涉及了谁,这样他就可以很好地隐蔽起来,不被人发现。而破案的人为了还原人物事件的真实原貌,就要从这些支离破碎的信息残片入手,每一个残片都是一个线头,沿着这一个个线头追踪、寻找、挖掘,最后把这一个个线头逐渐连接了起来,拼成一个图形。当这个图形完整地呈现出来之时,案件中的人物,他们之间的关系,他们之间发生的事情,前因后果的来由也就都被还原了。任何事物都是由各种条件因素以及各个组成部分组合而成的,所以无论是从全貌推及细节,还是从枝节推及整体,都是在反映着客观事物的本身,都是在揭示客观事物最真实、现实的原貌。

这些真实的原貌都是存在于现实生活中的实际存在,它带给我们思考和警示,指导着我们的言行和举止,使我们远离错误的思维和行为,从而远离烦恼和痛苦。智慧的人是以他人的惨痛教训来警醒自己,不要重蹈覆辙,而愚者则往往是以自己沉痛的代价来唤醒他人。

客观事物的现象和本质

现实生活中每一个存在的客观事物都有它独有的现象，就是它独特的样貌。地球上有70亿人，但是没有长相完全一样的人，即使是双胞胎之间也有些许差异。大熊猫萌兰和它的两个妹妹萌宝、萌玉好像是共用一张脸，长得一模一样，难以分辨，但是仔细辨别还是能发现不同之处。现象可被五官感官的眼睛、耳朵、鼻子、口舌、身体所看到、听到、闻到、尝到、触到，同时，现象又有自然现象和社会现象。现象是各种条件因素共同作用下形成的，形成之后就不停地发展和变化，在发展和变化中又形成新的现象。比如，夏天地面上的水受到阳光的照射，会变成水蒸气，水蒸气向上升腾到了高空中，遇到高空中的冷空气时，水蒸气便凝集成小水滴，这些小水滴在空中又聚集成云，然后又形成雨落到地面。而冬天地面上的水的温度一直下降，降到0℃以下时，水分子就逐渐凝集成团而形成冰。水、水蒸气、雨、冰是不同的自然现象，但它们有着同样的性质，那就是水的湿润性，这也是它们的一般性质。虽然水、水蒸气、雨、冰都有水的湿润性，但它们却没有固定的形态，它们会随着气温、环境等等因素的变化而变化，并没有各自自性的存在。它们的形成、变化、消散都受到各种各样环境条件的影响和制约，因缘聚合就形成，因缘消散就消失，这是它们的究竟本质。

事物的现象是感性思维的直观抓取对象,事物的一般性质是理性思维的分析对象,而事物的究竟性质是心意识本身的直觉体验对象。感性思维和理性思维都是心意识的作用,而心意识的本体才是心的家。感性思维和心意识的直觉体验虽然都是直接指向事物,但一个是向外抓取,一个是向内体验。感性思维抓取的是现象,是事物的颜色、声音、气味等等,而心意识是对抓取回来的现象及颜色、声音、气味等等进行体验。这个直觉体验没有语言、声音、文字,如人饮水冷暖自知,亦如春江水暖鸭先知。

人们常说一个词叫潜意识或第六感觉,什么是潜意识?既然有第六感觉的存在,那么前五个感觉是什么?前五个感觉就是五官感官的五个窗口,就是眼睛、耳朵、鼻子、口舌、身体的触觉,它们亦是一种感觉,一种直觉。因为是表现在外的,所以可以被看到和听到,就好像一座冰山浮在水面上的部分,是显现的现象,所以叫感性思维。而所谓的潜意识就是排在前五个感官之后的心意识,因为它不能被眼睛看到,被耳朵听到,犹如一座冰山沉在水面下的部分,是隐蔽的,所以叫潜意识。心意识的作用就是理性思维,而心意识本身就是心的家,就是心的第六感觉。

一般人都有第六感觉,但通常这种第六感觉只是在面临巨大变故之时,会激发出自身的潜能,而出现一些相应的反应,日常生活中并不存在。但是经过长期理性思维训练的人,他的第六感觉功能会表现得明显一些。比如,那些刑侦人员,他们的工作性质和长期处于理性思维分析的大脑状态,使他

们在面对种种现象时，对种种蛛丝马迹的连接犹如电子计算机一样快速而准确，所以常常是一个毫不起眼的现象，在他们眼中就成为纲，纲举目张，抓住这一现象，就把整个事件联系了起来，拎起来就拉出了水面。

这种心意识的直觉体验能力我们每个人都有，但是不经中间环节的理性思维训练是开发不出来的，也可以说这是人的潜能吧。人们常说人的潜能是无限的，的确如此！但是需要我们去探索、去学习、去了解、去了知、去训练。

烦恼的生起

前面的章节对客观事物从不同的角度和层面进行了分析,为什么要这么详细、全面地观察、了解客观事物呢?因为我们就生活在客观事物当中,我们全部的生活、工作、学习内容就是面对、了解、运用客观事物,我们一生的幸福快乐乃至情绪、烦恼和痛苦都与客观事物息息相关,烦恼虽由我们的内心而起,但却因客观事物而生。比如平静的水面如镜子一样映射出蓝色的天空,一阵微风吹来,水面在微风的吹动下泛起一层层涟漪,海水波光粼粼。这个时候,蓝色的天空依旧,但却无法如前一般清晰地映照在水中,这一层层涟漪虽然来自水,但却是因风的吹动而不同于平静的水,因此也就失去了平静水面的映照功能。这一层层涟漪就是我们心意识中的种种想法和念头,而微风就是我们五官感官所接触的外部世界的客观事物。

当我们的眼睛看到一个包包,心中立刻就产生了一个念头:"这个包包真好!"这个念头一起,心就跟着眼睛,跟着包包离开家门出走了。就好像一个小孩子看到陌生人手中的彩色糖果,这个糖果就像一根绳子,牵着小孩子的心,于是他的腿脚不由自主地就跟着眼睛看到的糖果出走了。这个时候,我们的心就好像粘在了那个包包上,拔不下来了,越看越喜欢,越想越放不下,满脑子都是这个包包的画面和影

像。与此同时,想得到它,想据为己有的想法油然而生。不知不觉之间,我们的身体在这种期待的心理作用下也悄然发生了一些变化,兴奋、紧张,好像一时间自己的世界里只有自己和包包。顺利地拿到它了,我们的内心充满了愉悦和满足,但是,这种满足终究是短暂的,维持不了多久,因为我们的眼睛很快又看到了更好的东西。如今,物质极大地丰富和升级换代可以说是日新月异,日日有新面貌,天天有新花样,看得我们眼花缭乱,目不暇接。因此,心追着眼睛和眼睛看到的色彩终日在外奔波,渐渐就迷失了回家的路。

当我们喜欢的那个包包因各种原因无法拥有,我们的心充满了煎熬和沮丧。某一天,当我们身边的人背着它出现在我们的面前时,更是激起我们内心的不甘和嫉妒。这种感受已不是微风吹起了涟漪,而是狂风掀起了巨浪。我们的内心因各种各样的想法和念头交织在一起而彻底混乱了,无法平静下来。在这种精神意识的作用之下,我们的身体也渐渐有了反应,胸口好像压了一块石头,呼吸好像也不那么顺畅了,全身好像被什么堵住了,所谓痛则不通,通则不痛,于是浑身哪儿哪儿都不舒服,这种种的不舒服又引发了种种的想法和念头,于是担心、焦虑、不安就涌上了心头。此时,我们的心早已完全迷失了自我,被外部的人和事,被身体的种种感觉裹挟着东奔西走,完全没有了自由,而这一切正是源于对客观事物的真实情况不明白所致!

客观事物的真实情况又是什么呢?就包包而言,首先有一个设计师,他先在自己的大脑里进行构思,所谓的构思就

是多种元素的组合。但是，不管怎样组合，不管融合多少种元素，都离不开形状和颜色。包包的形状无非是圆形、半圆形、方形、长方形，这是它的功能作用决定的。而颜色的选择就广泛了，可以任意组合。然后是选择制作包包的材料，皮质、布质等，看哪一种材质和设计的形状、颜色更加匹配，以及根据包包的主要用途是什么来选择相应的材质。再然后是加工制作环节，有了设计图纸，有了材料，按照图纸剪裁缝制即可。等包包制作出来之后，在设计的独特性和材料的选择基础上，给它贴上品牌也就是标签，这个品牌的标签又决定了它的价格标签，在价格标签上又附加了其他的意义，比如说它是限量版，全球唯一，这些又成为身份的象征，等等。

其实包包的主要功能作用就是用来装东西的，其他的附加意义都和包包无关，而是与人们的内心有关。包包就是那样一个东西，是人工制作的，可以用来装东西，它的上面并没有语言文字，也没有美丑、富贵与贫贱。它的名字、品牌、限量、尊贵这些名言都是人为安立上去的，而且这些名言与身份、尊贵亦没有什么必然的联系。一个人的尊贵与否，并不取决于他手里拿了一个什么样的包包，而是源于他的智慧，他的德行，他的人格魅力，源于他给人们的生活带来的幸福快乐有多少。我们从书中，从现实中可以看到，古今之圣贤多是粗茶淡饭，粗布缯衣，嚼得菜根百事可做，但是这并不妨碍人们敬仰他们、尊重他们、学习他们。

反之，一念"包包真好"就把我们带入了无尽的情绪和烦恼，拥有了包包，好像我们就拥有了全世界，而没有包包，

就好像我们一无所有。每个人的一生最值得拥有什么？你可曾想过吗？这是一个值得深思的话题，它直接关系到我们一生的幸福和快乐。不管我们从外部世界摄取多少，摄取什么，只要我们的内心是空虚的，就永远填不满，就如《西游记》中的无底洞。我们每日三餐却永远也吃不饱，我们每天都在获取却始终感觉不到满足，我们得到的越多就想要的越多。明朝有一首不足歌写道："终日奔波只为饥，方才一饱便思衣；衣食两般皆俱足，又思娇柔美貌妻；娶得美妻生下子，恨无田地少根基；门前买下田千顷，又思出门少马骑；槽头扣了骡和马，又思无官被人欺；七品县官还嫌小，又想朝中挂紫衣；一品当朝为宰相，还想山河夺帝基；心满意足为天子，又想长生不老期；一旦求得长生药，再跟上天论高低。不足不足不知足，人生人生奈若何？若要世人心满足，除非南柯一梦兮。"朱载育的这首不足歌把我们内心的永不满足刻画得淋漓尽致。我们不知的是，只有智慧才能带来内心的平静和安宁，只有智慧才是我们要追求的，才是我们一生值得拥有的。我们的身体需要一日三餐的摄入食物才能得以成长发育和延续，我们的精神意识又怎么可以终日空空，没有补给呢？更不能往里面栽种杂草的种子。一个20岁的年轻人在初中时因迷恋网络游戏而辍学，自此陷入其中，不能自拔。由于只有初中学历，找工作很难，只能打点零工，平日里打零工的那点收入还不够他在游戏中买装备，于是，先是背着父母把村里给的土地补偿款一万多元占为己有，并用于游戏当中。当这笔钱败光之后，又觊觎家中仅有的三千元钱。这天，父

亲外出了,他便伸手和母亲讨要,母亲知道他是要去玩游戏,便说什么也不肯给他,于是他便用家里的锤子砸死了母亲,然后携带那三千元钱逃之夭夭。从行凶到被捕的整个期间,他始终充满了麻木和冷漠,内心没有一丝一毫的愧疚,好像说的是别人的事情,和自己毫不相干。也许有人会说,这是家庭暴力才使他成为这个样子,然而,在他迷恋网络游戏的这些年,他的父母并没有因此而对他实行暴力打骂,只是一再地说服他。就在他和母亲讨要钱的过程中,母亲虽坚决不给钱,但始终没有打骂他。

什么使一个人在几年的时间变得毫无人性和情感?什么使他的心意识变得如此麻木和冷漠,像冰冷的铁块般又硬又冷?答案不难寻找,就是游戏中的内容,暴力血腥的画面看得多了便习惯成自然了,也就见怪不怪了,思维上的习惯带来的便是行为上的习惯,因此,悲剧的结果便成了迟早要发生的事情,成了注定要发生的结局。更可怕的是,如今我们并没有意识到净化心意识的重要性。不管在哪里,在什么场合,男女老少人皆一部手机,个个都低着头刷着视频,那些视频是什么样的内容呢?进入到我们的心意识中短期或长久会带来什么样的影响呢?好像没有人关注,也没有人在意,大家就是在不停地刷刷刷。殊不知大量有毒物质已经伴随着那些刺激、好玩、吸引自己的画面进入了心意识中,成为一个个的种子潜藏起来。一个个的种子就是我们心中一个个的念头,一个个的念头又聚集成了一个个的想法,成为我们坚固的观念。什么都是习惯而成的,习就是行为,惯就是势力、

惯性。一个想法、一个念头从原本没有到有一天忽然间冒了出来,正是心中潜藏的种子生了芽,这个芽一生起就迅速成长,这个成长的过程就是行为的一种力量在不断地汇集,汇集到一定程度就形成了一种势力,也就是更大的力量,不加阻拦的话,它很快就会长成参天大树。因为它的种子就是毒性的,因此它的枝叶花果便都是毒性的,就是爆发出的种种恶劣行为和事件。

每当悲剧发生的时候,我们才感到震惊,才唏嘘不已,却从来不去思考这个结果由何而来,是天灾还是人祸,是必然还是偶然,是否真的是不可控的事情。善良是一种习惯,罪恶也是一种习惯,理性是一种习惯,感性也是一种习惯。所有的一切积极向上、阳光是一种习惯,所有的一切消极堕落、阴暗也是一种习惯,习惯的养成过程是一样的,只是养成习惯的具体内容不一样。也就是说,我们每天看的、听的、说的、想的内容全部不一样,也就是我们接触的人、看的书、看的视频、从事的工作、行为举止全部不一样。种瓜得瓜,种豆得豆,瓜和豆的种子都是我们自己亲手栽种的,而我们对这个栽种过程却毫无知觉,这是何等的无知和悲哀啊!而这正是造成我们情绪、烦恼、痛苦的根源!

道须臾不可离

很多人常挂在嘴边的一句话是"我知道",真的知道吗?何谓知道?知道不是两个字,知道这两个字有它的实际内涵,那就是知止而后有定,定而后能静,静而后能安,安而后能虑,虑而后能得。物有本末,事有始终,知所先后,则尽道矣。此为知道。而道也者,不可须臾离也,可离,非道也。

事物的形成都是由各种因缘条件的聚合所致,因缘条件无非两个方面,即事物的内部原因和外部条件,两者缺一不可。外部条件就是我们的生活、工作、学习环境,就是我们所接触到的人、学习的知识,就是我们每天眼睛所看、耳朵所听、鼻子所嗅、口舌所尝、身体所触的一切东西。从早晨一睁开双眼开始,我们五官感官的五个窗口就全部打开,并进入了自动运行模式。这五个窗口只有往回摄取、抓取的功能,并没有分辨、简择的功能作用。所以,不管香臭、善恶、好坏、利弊是什么,一股脑儿地全部照单收进了心意识当中,也因此进入我们心意识中的东西便是鱼龙混杂,良莠不齐。可以说,在五官感官这里毫无屏障可言,一切的阳光、阴暗、鲜花、毒草都可以长驱直入,涌入心意识中,而我们的心意识就如同一个芯片,具有无限的储存空间,不管是阳光、阴暗、鲜花、毒草都能容纳得下。于是,它们便如同一颗颗种子埋在了心意识的田地里。

经常使用手机的人会发现手机软件有一个功能，那就是一开始我们是主动搜索和浏览一些什么内容，过一段时间，手机自动识别我们的浏览记录后，就开始自动推送相关内容。所以，一开始是我们的主动行为，之后就成了一种被动行为，不用我们查找，这些内容自动就推送到我们面前，直接霸占了整个屏幕。只要我们一打开手机，这些内容就自动弹出，不想看都甩不掉。同理，我们的心意识也有如此的功能，一开始是各种各样五花八门的信息涌入心意识，渐渐地，随着自己的好恶情绪，心意识对进入其中的东西有了选择，刻意抓取某些内容，时间一长，因心意识的喜好，眼睛里便只有这些东西，而又因眼睛只摄取这些东西，别的都看不见，心意识田中这样的内容就越来越多。这样内因外缘相互作用的结果，就是一个人和游戏已经分不开了，分不出自己是在游戏里还是在现实中，分不出自己是在虚拟世界里还是在现实世界里。

好比一开始人们在相同的容器里混杂放置了各种各样的物质，好坏香臭都有，每个容器之间并无差别。慢慢地，人们在相同的容器里分别放置了不同的物质，也就是有的容器里只放鲜花，有的容器里只放腐臭之物。时间久了，这些容器便随着其中放置的物质而发生了变化，有的散发着香气，有的则散发出了恶臭。人生而平等，因为我们都是相同的容器，都具备五官感官抓取的功能和心意识储存的功能，然而人有贵贱，不可概论，因为往容器里装的东西不一样。每个人都是一天二十四个小时，每个人都是一年三百六十五天，

可是这二十四个小时和三百六十五天的所看、所听、所说、所做却没有完全一模一样的。所以，善恶、美丑、富贵贫贱就从这不同的时间、空间里形成了，而其一旦形成，更是分别朝着自己的走向迅猛前进，直至南辕北辙，形成完全不同的两种命运。

善良、优秀、利己利人的人持守着自己的道片刻也不离开，不忘初心，方得始终，他始终朝向自己的目标坚定地行进。不管遇到什么坎坷、困难、逆境，不管有没有人看守自己，监管自己，他都能几十年如一日，不改变方向，不产生怀疑，持之以恒向善向美向真行进，什么都动摇不了他的心。而内心不善、丑陋的人，亦是紧紧随着自己的道须臾不肯离开，如蝇逐臭般怎么都不肯离开自己那些错误的东西，说服、教育、规劝，任你使尽浑身解数，他心中的错误观念坚如磐石，丝毫不动摇。一颗种子在还是种子的时候，它的力量很小，伸手就可摧毁它，待它长成枝叶的时候，还可以用工具去修剪它，但是当它长成参天大树的时候，要抗衡它的力量就需要付出更多、更大、更强的心力。同理，孩子小的时候，他的所看、所听、所说、所做要进行规范管理，不能因一句"他还小呢，长大就知道了"就听之任之，从不知道到知道是一个漫长的学习、训练过程，并不是睡一觉起来忽然间就什么也明白了，就脱胎换骨了，那是神话故事，不是现实生活。你从来没有栽种过的苗芽种子，怎么可能在忽然间萌发生长？你每天往里栽种的毒草种子，又怎么可能在一夜之间消失得无影无踪？

也许有人说,这都是大道理,谁都会说。问题正在于此,如果你认为这是道理,那么它与你就是毫不相干的两码事,如果这个道理与自己是一体的,那么这个道理就是自己的言行举止,就是自己的人性,人格魅力,就是自己须臾不可离的道,就是自己的命运。世上没有救世主,只有自己救自己。怎么救?那就是把这些道理深深地刻在自己的记忆里,外化于行,内化于心。道理就是行为,行为就是思维,思维、行为、心意识融为一体,不分彼此,就如同那个与游戏融为一体的人。同样是一生,不同的是一个重于泰山,一个轻于鸿毛,一个生活在现实世界,一个生活在虚拟世界,一个向上升华,一个往下堕落,一个利己利人,一个害己害人,一个鲜活阳光,一个僵硬冷漠,一个有血有肉,一个行尸走肉。所以,每个人都是自己决定了自己一生的价值,自己决定了自己一生的归宿,半点怨不得他人呀!

认识心意识

我们赖以生存的外部世界与我们的主观认识心意识之间是如何建立连接的？那就是通过我们的身体，通过眼睛、耳朵、鼻子、口舌、身体的感触感觉，把从客观事物处获得的各种信息和数据交给心意识，再由心意识对客观事物进行观察、分析、审视、判断、抉择等等。

在心意识和客观事物之间，五官感官起着纽带的连接作用。五官感官与外界事物相接触的时候，外界事物是以其本来面貌如实地反映在五官感官之中。比如眼睛看到手机的第一瞬间，手机就是那样一个东西，它没有名字，没有功能作用，甚至没有形状和颜色，只是那样一个东西而已。这个时候，眼睛就如同镜子一样，把手机的原貌真实、如实地照了进来，镜子外面的手机是什么样，照在镜子里的手机就是什么样，不加一丝，不减一毫，原原本本映在眼睛里，是什么样就是什么样。同理，耳朵听声音的第一瞬间，鼻子嗅气味的第一瞬间，口舌尝味道的第一瞬间，身体接触事物的第一瞬间，声音、气味、味道、冷热都是以其本来面貌真实、如实地反映在耳朵、鼻子、口舌、身体中，如同摄像机以 1:1 的原貌摄取回来，不加不减，这个时候是正确的感性思维。也就是说这个时候还没有给所看、所听、所嗅、所尝、所触的事物安立名言，还没有好恶喜厌，只有事物本然的真实状态。但

是这个时间很短很短,只是一瞬间就过去了,我们根本感觉不到。

五官感官与外部世界的客观事物接触的当下,也就是眼睛看手机的那一瞬间,几乎在一前一后,眼睛就会有相应的感受。感就是摄取、抓取的意思,比如眼睛看手机的形状、颜色,手机就放在那里,眼睛会主动去抓取手机的形状、颜色,而且在抓取的一瞬间就是眼睛和手机接触的一瞬间就会产生感受,这个感受有三种状态,就是好受、不好受以及介于二者之间的中间感受,即没有好与不好的一种感受。比如眼睛看到强光照射会因不好受而马上闭眼,而色温范围在4000k到5000k之间的光线最柔和,眼睛看着最舒服,其他的光线下眼睛则是没有明显的好受与不好受。耳朵听到炸裂刺耳的声音会不好受,听到柔和美妙的声音是好受,日常生活中听到人说话的声音,汽车声音等等,则是没有明显的好受与不好受。鼻子嗅到的气味,有的特别呛鼻,直令人作呕,有的香气扑鼻,沁人心脾,有的则是无所谓好受与不好受。变态辣吃到嘴里瞬间灼热难耐,有的食物吃到嘴里甜丝丝的,让人觉得心里亦美滋滋的,有的则是吃了没什么明显好受与不好受。身体的触受亦是如此,有的烫手,有的冰凉,有的柔软,有的则是没有什么好受与不好受。

继外部事物对五官感官的作用产生了三种感受之后,紧接着就是外部事物的形象反映在心意识中,成为心中影像。这个过程就如同摄像机拍摄的过程,打开镜头盖,镜头对准手机,按下快门键,同时,摄像机发出闪光,将手机的样貌

摄取回来，在芯片上成像。同理，我们的眼睛看到手机就会自动摄取它的影像，同时产生好受、不好受或者没有什么明显的好不好受的感受，继之，手机的样貌反映在了意识中，这个过程一气呵成，瞬间就完成了。这个时候有两个事物的样貌，一个是外部事物原本的样貌，一个是心意识中外部事物样貌的映射，就如同水中倒影一样。一个是真实的，一个是虚假的。外部事物的手机是真实存在的，心中影像的手机是虚假的。外部事物的手机是眼睛看到的，心中影像的手机是意识看到的。眼睛看不到心中影像，而意识看不到外部事物，所谓感官不能思维，意识不能直观。这两者缺一不可。盲者虽然意识清明，但是因看不见眼前的事物就无法在心中成像，所以也就无法了解、了知它的样貌。愚者虽然眼睛明亮，但是看着眼前的事物却无法了解、了知它的现象及内涵，不知道是什么东西以及有何作用。

继五官感官摄取客观事物产生好受、不好受及没有什么好不好受之后，意识活动迅速介入。心意识有一个习惯势力，那就是安立名字。不管是看到的、听到的、嗅到的、尝到的、触到的事物，它通通给它们安立上一一对应的名字。如红、白、蓝、黄、人、树、花、鸟凤声、雨声、雷声、说话声、檀香、沉香、酸臭、腐臭、冷、热、软、硬等等。其中人又有男人、女人、老人、小孩、张三、李四等等；说话声有悦耳、响亮、嘶哑、低声、高声等等；香味有木香、花香、果香、草香等等。事物多的数也数不清，名字亦说也说不尽。这个时候是知性思维。

　　从眼睛看到手机，摄取手机的影像，到眼睛产生的好、不好、没有好不好的感受，到心中影像的形成，到手机名字的安立，分开是几个步骤、几个环节，实际上运行起来就是一瞬间的事情。当我们看到的是熟悉的人物，比如我们眼睛看到父母的时候，刚摄取回来的心中影像迅速与以往心意识中留存的心中影像相比对，这个比对过程远比电子计算机还要快很多很多倍，结果即刻就出来了，我们便脱口而出爸妈。如果是一个陌生人，我们的眼睛看到他时，摄取回的影像放在心意识上，这个心中影像与心意识中留存的心中影像就比对不上，就如同警察把血型、指纹输入大数据库，寻找他们的主人一样。对不上就安不上名字，但是从此刻起这个心中影像就留存在了心意识中，以后再看到他就有了可比对的对象。当我们听本人或者是他人说到他的名字、职业、家庭、年龄等等的信息时，就和心中影像连接起来，并同步储存起来。这个时候是理性思维。

　　感性思维是粗大的思维，是五官感官的功能作用，只摄取粗大、囫囵、整体的形象，知性思维和理性思维是较细的思维，是心意识的功能作用，摄取的是事物的细节和分支部分。比如感性思维只看到一个人的全貌，知性思维安立名字，他是张三、李四或某某，理性思维对这个具体的张三进行观和分析。如他的脸是圆形还是方形，他的眼睛是大还是小，个头是大还是小，身体是胖还是瘦，他从事什么职业，有什么爱好、兴趣及性格特点等等。这个时候，眼睛看到的张三，心中影像的张三以及张三这个名字就紧紧地连在一起。我们

把这三个张三视为一体,分不出彼此,这正是情绪烦恼的来源。为什么呢?因为这是一种错误认识,是把真实和虚假混淆不清的一种错误认识。在这种错误认识的引导下,我们的心就发生了相应的变化,也就是情绪,继之成为烦恼,从而引发痛苦。

　　眼睛看到的张三是现实存在的,他就在我们眼前,看得见,摸得着。但心中影像的张三是虚假的,如果它也是真实的,那我们就不用见真人了,只要我们心里一想,这个影像一显出来,我们就见到真人了,哪还有什么相思之苦呢?现实中这种是不存在的。张三的名字也是虚假的,因为名字和本人之间是或然关系,是人为安立的。如果名字就是真的,那么和见影像一样,我们只要想见谁,嘴里念他的名字,或者在纸上写下他的名字,他就出现在我们眼前了。这多好啊!可惜现实生活中并不存在这样的事情,这种情况只可能出现在神话故事中,或是出现在梦里。而众所周知,梦境是虚假的,一旦我们醒来,梦境就消失不见了。所以,只有眼前的张三是真实的,心中影像和名字都是假的,如果我们把心中影像和名字也看成真实的,那无异于春天原野上饥渴的鹿群,看到地面上的浮尘被日光照射时呈现出了一种远望似水如雾般的景象,便误认为是水,于是一路飞奔追寻而去。虽身心俱疲直至力竭,到头来仍然是竹篮打水一场空。

心意识及其作用原理

我们的心意识本身是平静、安宁的,就如同大海中的水在静止的状态下静静地流淌,像一面镜子一样映射出天空的蓝色,没有一丝波澜,远远望去,仿佛蓝天与海水融为一体,呈现出一种宁静而美丽的景象。但是随着微风的吹动,水面的平静就被打破了,海面微微波动,泛起阵阵涟漪。这个时候水面波光粼粼,如同无数颗钻石闪耀着光芒,但是它却失去了如同镜子一样的映照功能。这时,一阵狂风呼啸而来,海水便如同脱缰的野马般奔腾咆哮,掀起惊涛骇浪,于是,在整个大海上看到的只有起伏的层层巨浪,而海平面已经消失于巨浪之中。

是什么打破了我们内心的平静、安宁呢?是什么在我们的心意识中泛起阵阵涟漪?就是我们眼睛所看、耳朵所听、鼻子所嗅、口舌所尝、身体所触的一切外部事物。比如眼睛看到一部新款手机,在眼睛摄取手机图像的同时,心意识中立刻萌生一念"我想要",这一念就像我们手中的一把毛线揪出一个头,然后开始缠绕,一圈又一圈,我们的心就被缠得越来越紧,裹得越来越严,直到只能看见念头而看不到念头遮蔽下的心意识。此时,我们的心被眼睛看到的物所吸引,双脚不由自主地就跟着眼睛,跟着所看之物出走了。得到了喜形于色,沾沾自喜,甚至心生傲慢,得意忘形。得不到没精打采,怅然若失,沮丧气馁,失意落魄。喜形于色、没精打采,正是心意识中泛起的阵阵涟漪,而得意忘形、失意落魄,则是心意识中的层层巨浪。此时,心已远游在外,因无人看守,心的家便失去了平静和安宁。

围绕着得失萌生的念头、想法越来越多,一浪高过一浪,得到了又怕失去,得不到的想着法子要得到,担心、不安、焦虑、恐惧、压抑的情绪随之而生,心情的不好带动了身体的不适,身心相互作用和影响。身体的不适更加引发情绪的紊乱,于是,在心意识中只有连绵起伏的层层巨浪,愤怒、怨恨压抑不住地向外冒。与此同时,血流加速,呼吸加快,血压升高,心跳加快,手脚因紧张而发抖,身心同时打破了平衡,产生了混乱,烦恼由此而生。

心意识追随着直观所看事物,并在其上安立种种名言概念,于是善恶好坏、喜欢不喜欢等等名言交织在了一起。此时,心意识中已无现实的外部事物,而是满脑子的名言概念。就是这些名言概念像双面胶一样,一面粘在外部事物上,一面粘在心意识上,使我们根本分不清哪个是外部事物,哪个是名言概念,哪个是心意识,整日在其中懵懵懂懂地生活而乐此不疲。生而为人,我们生活在这大千世界中,我们的心意识通过身体的五官感官与身体外部的种种客观事物紧密连接,相互影响,相互作用,从不间断。正是这种紧密的联系和从不间断的作用,决定了我们的生活、工作、学习是顺遂还是坎坷,决定了我们的一生是快乐还是痛苦,但遗憾的是,我们对此毫无知觉,正所谓"百姓日用而不知"。

我们的心意识是如何运作的呢?

我们每个人刚出生的时候,心意识犹如一张白纸,也就是说心中没有名言概念,没有善恶好坏。这个时候的心意识就像一面镜子,摆在它面前的东西全部都能收纳进来,但是不加区分好与不好、喜欢与不喜欢。又像一个容器,不管是什么东西,只要往里装,就一股脑儿地照单全收,不加选择。如果说这张白纸上的图画就是每个人一生的命运,那么从白纸到画作,这幅图画是怎么画就的?是如何完成的?又是谁来执笔的呢?首先是我们的父母,当我们出生后,在我们的眼睛睁开的一瞬间,我们身体的五个窗口就打开了,我们就与外部世界的客观事物紧密地连接起来。虽然这个时候我们不能用语言来表达,但是我们对事物的感触感觉已经开启了,并且这种感触感觉能力与日俱增,一天天增长,一天天强大。父母的音容笑貌进入了我们的眼帘,由此便开启了一幅巨作的创作历程。

伴随着我们的所看、所嗅、所尝、所触的直观感觉,父母的语言同步进入到我们的心意识中,并成为我们心中名言概念和观念的种子。当我们的眼睛看着父母和众多的亲人,他们会告诉我们,这是爸爸,这是妈妈,这是爷爷,这是奶奶、姥姥、姥爷、哥哥、姐姐等等。我们的眼睛看向哪里,父母就会告诉我们那是什么,天空、花草、树木、桌子、柜

子、手机、被子等等。我们身边的一切东西都有名称名字，父母会一一指认和告知我们。随着我们身体的一天天长大，经过躺、爬、坐、站一步步的发展，我们的活动能力渐渐增加，接触的事物日渐丰富，父母与我们的语言交流更加频繁。最初只是单纯地指认一个个具体事物的名称，之后，我们的一颦一笑一皱眉一伸胳膊一蹬腿，他们都给予了自己的解读，这是忧，那是喜，这个好，那个不好。渐渐地，他们的观念一笔笔刻画在了我们的心意识中，也就是说，他们说话的全部内容进入到我们的心意识中后，决定了我们的眼界，成为我们的观念。

等我们长到三岁，进入幼儿园之后，接触到了幼儿园的小朋友和老师们。今天这个老师说了什么，明天那个小朋友说了什么，凡是进入到我们耳朵的声音都成为我们心意识上一笔一笔的描画。然后我们又进入了小学阶段的学习，接触到的人更多了，听到的声音也就更多了。再然后进入中学、大学直至步入社会，所有我们看到、听到的画面和声音都进入了我们的心意识中，形成了我们的观念和认识。

很多时候我们觉得自己的观念是自己单方面具有的，和他人无关，没有受谁的影响。其实，我们的观念是在和他人的接触交往中，在潜移默化的互相影响中逐渐形成的。所谓近朱者赤，近墨者黑。

我们一生所看、所听的内容大多数都是知识性的，也就是说这些内容都是指向事物的现象和事物的名称，这是感性思维的内容，涉及理性思维的对事物内部结构组成的观察、

分析、分解很少。这就意味着对进入我们心意识中的一切，我们缺乏分辨、区分、选择的能力，没有分辨能力就不能判断和选择，不能选择就不能决定去留，那么心意识中装载的东西就是五味杂陈，良莠不齐，虽然混杂在一起，却各自发挥着自己的作用。表现在我们的身上就是懵懵懂懂，做事儿一会儿清楚，一会儿糊涂，这件事儿上好像看着明白，那件事上却不尽然，凡事知其然而不知其所以然，甚至其然亦不知，最后就是一句"人都是瞎活了"就总结了自己的一生。所以人生这幅画作从父母家庭开始到学校、社会，到再回到自己手中，不知不觉间已画满了这张白纸。

　　难道说这幅画作注定是这样的吗？只有这唯一的可能性吗？当然不是！我们的心意识最初只是一张白纸，而这幅画作是一笔一笔画上去的，并不是天生如此。既然是一笔一笔画上去的，那就可以将它一笔一笔地擦掉，就可以重新构建和绘画。如何擦掉它？用什么来擦掉它？又如何重新构建呢？一切都要从理性思维入手。

理性思维的建立

我们的五官感官摄取外部事物之后,在心意识上形成心中影像。同时,心意识依着思维惯性给所看、所听的每一个事物都安立上了相应的名字、名称,以及善恶好坏等等。然后又依着善恶好坏和喜欢不喜欢去追逐,对喜欢的就抓取,对不喜欢的就排斥,这无疑是将心的大门打开,使心意识、五官感官、外部事物之间畅通无阻。眼睛一看这个人好漂亮、好帅,一看这个东西好喜欢,心就跟着跑。耳朵一听这个声音好有磁性,他夸赞自己的话更是悦耳动听,心就跟着追。这整个过程就是感性思维,它的功能作用就是使我们的言行举止全凭个人感觉,全凭个人好恶,没有任何理由,我想怎么样就怎么样,我想说什么就说什么,我想做什么就做什么。不听人说,不受人教。而我们的每一言每一行不正是那一笔一笔的绘画?我们一生的命运不就是由这每一言每一行贯穿起来而造就的吗?

如何改变这一切呢?我们的心意识除了能给五官感官摄取回来的影像安立名字之外,还有一种强大的功能,那就是观察、分析、分解、审视、推理、判断、抉择的能力。这就是理性思维。感性思维是对事物抓取,理性思维是对事物分解;感性思维浮在水面上,理性思维潜在水面下;感性思维与生俱有,理性思维后天习得。感性思维不需要学习,孩子

生下来眼睛还没有睁开,就知道寻找母亲的乳汁,动物亦如此。人人生来就会抓取,但是理性思维的建立必须经过学习、培养和训练。感性思维和理性思维都是心意识的功能作用,人人都有这种潜能,从这一点上来说人生而平等,但实际生活中人生的际遇和命运却是千差万别,这又是为什么呢?因为理性思维开发、建立的不一样。有的人经过学习、培养、训练,建立了理性思维,并且成为指导自己和他人迈向幸福快乐人生的灯塔。而有的人的理性思维终其一生也没有得以开发,就好像一块玉石从来没有被人发现,而是默默地在某个角落静置了百年、千年。人从一出生感性思维就开始自动运行,而理性思维则是沉寂在心中。因此,从一开始理性思维就落后了。怎么办?学习!只有学习这一条路径,而且是从孩童开始进入学习。因为理性思维并不是成人的专属,而应该是男女老少每个人的标配。

  人人都想幸福快乐,所以人人都需要具备理性思维。只有理性思维才能打开通向幸福快乐的大门,才能导引我们走出情绪烦恼的困惑。什么是理性思维?就是对五官感官抓取的事物能进行分析、分解,能把实物、名字、心中影像分开,能看清水面、涟漪、巨浪,能把想法和念头从心意识中剥离。每当我们看到面前的人和物,听到人和物说的话以及发出的声音,都能分析名字、名称不是事物本身,事物仅仅是那样一个存在,它的上面没有名字。然而,这个名字又是依着事物而起的,又脱离不了关系。它们之间是或然关系,而不是必然关系。

当名言生起时马上了知它只是名言,也就是说当听到人们说话的时候,知道这只是一种语言发声,阻断耳朵随着声音跑的习惯,阻断心跟着耳朵跑的习惯,让心安住在家中,把摄取的声音拿过来进行观察和分析。平时一听到他人夸赞自己的话语,我们马上心花怒放。一听到他人说自己的不好,我们马上心生不快甚至怨恨。这个时候,再听到他人夸赞自己时马上进行分析。他说的与自己是不是相符?是巧言令色,有所图谋,还是事实如此?这是不是一个合理评价?他人说到自己的不好,是自己的确存在不足,还是对方在有意打压自己?俗话说,良药苦口利于病,忠言逆耳利于行。对他人善良的提醒或者恶意的指责,自己要能分得清,能通过分析找到原因所在,能从他人的提醒或指责中发现自己的不足,从而弥补自己的缺失,取得长足的进步,这何乐而不为呢?经过这样反复训练,声音一起就能阻断心跟着耳朵、跟着声音跑的惯势,无论声音来自哪里,无论顺耳逆耳,心都能安住在家中,当下我们的身体就是清凉的。然后经过大脑的观察分析,还原声音的本来面目,我们的身心便可处于本然的平静和安宁,犹如无风扰动的大海水一般静谧而清澈。

每个人都有痛点

生活中我们会发现一个现象，那就是几个人在一块儿聊天，不经意间甲说了一句话，乙瞬间就起了情绪，旁人都想不明白他为什么会生气。因为大家认为甲说的这句话没有什么呀，但甲说的这句话就是乙的痛点。什么是痛点？就是观念，这种观念就是在乙的心意识中长期形成的好不好、喜不喜欢。比如，乙的母亲经常指责、数落乙的各种不是，每次指责、数落他的时候，母亲的表情、动作、语气、声音、说的话语都深深刻在了乙的心意识中，成为乙的心中影像储存起来。因为各种原因，乙无力反驳，只能忍受着，于是连同心中影像储存起来的还有抱怨和不满。这种抱怨和不满日积月累，渐渐变成了愤怒和怨恨，这种怨恨、愤怒也由此成为乙心中的痛点和观念。甲并不知道乙的生活经历是什么，他只是正常的描述或评论。但是甲说的话听到乙的耳朵里，瞬间就勾起了乙的心中影像，甲说话时的表情、语气、动作、说的话语的内容与乙的心中影像产生了重合。因此，在勾起乙的心中影像的同时，也勾起了他的怨恨、愤怒的情绪，于是乙的情绪瞬间就爆发了出来。

我们的五官感官摄取事物的影像后，在心意识中形成心中影像的同时，还伴随着事物的名字、名称以及好不好、喜不喜欢等等对立的想法和念头，于是，这些影像、名字、想法、

念头就成了心意识中的种子,每看一次就种一次,每听一次就种一次。随着每天的时间流逝,种子的数量也在不断地积累,只是,我们只能看到身体外部的事物在不断地增长和累加,比如个头长高了,学的知识增多了,赚的钱多了,而忽视了内心的观念和情绪亦如同外部事物一样在不断地叠加、累加。当积累到一定的数量时,在某个条件的诱发下,心中的种子就会发芽,并且迅速膨胀,直至结果出来。从现象上看好像是偶然的,突然间发生的,实际上内心的种子已经潜藏了很久,早已积累了很多。偶然是现象,必然才是本质。

有一次听到一个人对另一个人说:"我原本没有生气,都是他怎么样怎么样才让我生气的。"生活中我们也可以常常听到人说:"都是你逼我怎么样怎么样的,我今天成了这个样子,我今天做什么事情都是你逼的。"这种说法有一点点道理,那就是一个巴掌拍不响,两个人是相互影响、相互作用的。但是其中又有主要矛盾和次要矛盾之分,有内因和外缘之分。自己有痛点,有一个根深蒂固的观念是内因,是主要矛盾,他人仅仅是外缘,是次要矛盾。所有的影像、名言、想法、念头、观念都是心意识的功能作用,并不是心意识本身。正因为我们只有感性思维,只会抓取,却没有理性思维对抓取回来的影像、名言、想法、念头进行观察、分析、分解和简择,所以这些东西就全部堆积在了心意识的大仓库中。经过日复一日、年复一年的积累、积累,心意识这个大仓库只进不出,慢慢地,这些影像、名言、想法、念头就覆盖了整个心意识,鸠占鹊巢,这些观念把心意识赶了出去,

而它们自己却成为心的主人。因此我们心中的观念便越来越坚固，表现在外就是固执己见，认为自己所想、所说、所做都是对的，凡是和自己起冲突的都是对方的过错。

面对这磐石一样坚固的观念，怎么办？只有培养和建立理性思维才能从根本上解决这个问题，因为只有智慧能解决一切问题。面对一座冰山，无论我们用多大的力气，无论我们是用刀劈还是用斧砍、用钻头钻，都不能动摇和损害它半分。但是，当太阳出来，只要太阳悬挂在空中对它照射，慢慢地，不费吹灰之力，一座冰山就被融化了。智慧就是太阳，理性就是太阳的光芒，只要在太阳的光芒照射下雪山就会融化。所以，不管我们的五官感官抓取了什么样的东西，不管抓取了多少，只要建立了理性思维，就能对抓取回来的东西随时简择和清理，由理性思维守住心意识的大门，东西进来就分拣，进来就清除，这样心和意识中就能始终保持干净整洁，干净了就是清净的，清净了就安静，任谁来也掀不起风浪，自然就没有什么痛点，又何惧他人说什么呢？正如：

寒山问拾得：世间有人谤我、欺我、辱我、笑我、轻我、贱我、恶我、骗我，如何处治乎？

拾得答：只需忍他、让他、由他、避他、耐他、敬他，不要理他，再待几年你且看他。

文字与直觉体验

有人说:"你说的这些都是大道理呀。"什么是大道理?就是尚未有过体验,还在文字阶段,在名字、名称阶段。是呀!于你是文字,而于我是体验。文字用文字来表述,体验亦得用文字来表述,但是表述的内涵全然不同。比如我吃过这种梨子,它很甜,于是我说甜,而你并没有吃过这种梨子,但是你也会说"甜"这个字,所以当我说甜的时候,你也说甜。从发声上看,好像我们都在说甜,说的是一回事,可实际上却是毫不相干。我是亲自品尝了它的甜味,而你只是会说"甜"的发音而已,怎么能一样呢?再比如甲亲自见他偷别人的东西,于是甲说他是小偷。你并没有亲自见他偷东西,但是与他有着矛盾,故而说他是小偷。所以,虽然你们同时指称他是小偷,但甲是亲眼所见,而你并没有见到实际情况,只是一种语言表达。

每个人都生活在自己的观念和认知里,只能体验到自己的观念和认知里的东西。这个观念和认知就如同井、溪、湖、河、江、海,对于井里的鱼儿来讲,它的世界只有井口那么大。而对于溪水中的鱼儿来讲,它的世界则是溪水的范围那么大。对于大海中的鱼儿来讲,它的世界则是大海那么宽广。在每个人自己的世界里都是实践和体验,而超出自己世界的一切全是文字、理论和道理。所以,没有绝对的理论和实践之分,

实践是实践者的实践,是未实践者的理论。于一个人而言,有的人理论大实践小,有的人实践大理论小,有的人理论小实践亦小,有的人理论大实践亦大。就是说当你听他人讲话,看他人的书籍时,全然不知道他是在说什么,更不知说的对错,那就说明自己的认知范围小于他。而听他人说话,看他人书籍时,一听、一看就知道他在说什么,以及说的正确与否,那就说明自己的认知范围已超出于他,这也是检验我们的学习方向、学习进度、学习成果的一个极好的方法。与人交往做事越来越明白了,越来越简单了,越来越灵活了,越来越豁达了,这就是走在了正确的学习之路上。生活、工作、学习中直觉体验越来越多了,而不是沉浸在文字游戏中编织着皇帝的新衣,这就是走在了带心回家之路上。学习不是越走离心越远,越走离真实、现实越远,越走越沉浸在虚构、虚幻之中,越走心越僵硬、麻木、冷漠,而是越学离心越近,越学离真实、现实越近,越学内心越明亮,越平静,越安详,越自由,越灵活,越生动,越活泼,越年轻,越温暖,越阳光。

如今,由于信息的传播速度不断增快,传播范围不断增广,语言、文字的传播普及度越来越高,一个新词可以迅速传遍全网,尽人皆知。但是人人都会说,并不代表人人都知其中义。文字的现象和文字中的本质根本不是一回事,文字和文字的内涵也完全不一样,李鬼终究不是李逵,六耳猕猴也不是齐天大圣孙悟空。文字只是一个媒介,如同指向月亮的手指,只有指路的作用,而只有文字的内涵才能真正触动内心,引发心灵深处的感触,才能产生脱离语言的直觉体验。

就如同我们吃梨子时嘴巴直接体验梨子的味道，无需文字的表述，梨子的滋味便可直达内心。

所谓真实有三种，即我们的认识是一种真实，文字的真实是一种真实，事物的真实是一种真实。认识的真实就是通过文字的真实去直入事物的真实，使三者融合为一，就是当我们的认识真实透过文字真实进入到事物的真实时，就是直觉体验。怎么表述呢？就如同我们的手指被火烧灼过一次，当我们看到文字的表述讲火的功能作用时，或者直接看到燃烧的火，我们的内心马上就能通过语言文字或者直接看到的火的画面勾起以往我们因直接接触火而被火烧灼的感受体验，这就是直觉的唤醒。透过文字抵达直觉体验，透过现象进入本质内涵，这是一个漫长而艰难的学习过程，绝非一蹴而就的事情。所谓难者不会，会者不难。道理和实践其实只在一念之间，而这一念的转变则是需要九九八十一难的磨砺来实现。

错误观念的由来

我们的五官感官在摄取事物之时,第一瞬间所看、所听、所嗅、所尝、所触是不带一丝杂染的,也就是说事物是什么样就看到了什么样,听到了什么样,尝到了什么样,嗅到了什么样,触到了什么样,没有丝毫的增减。就如同镜子照物一般,镜内镜外完全一样,这个时候是感官的正确认识。也就是说看物的眼睛没有毛病,所看的事物也不受外部各种环境因素的干扰,此时没有语言,没有文字,没有名称,没有"我"。紧接着,所看、所听的事物进入心意识中,并成为心中影像。这时,意识思维就开始活动了,就开始给这一个个影像安立名字,也就是给五官感官面对的外部对应的事物——安立名字,如人、树、房子、车、路等等。这个时候意识思维开始区分各个事物,人和树不同,车和路不同,人中的张三和李四又不同,男人和女人又不同,老人和小孩又不同,等等。但是这个时候的区分仍然是正确的,也就是说意识思维能准确地给看到的事物安立相应的名字名称,给男人这个事物安立男人的名称,给张三这个人安立张三的名称,不会混淆,不会给人安上树的名称,也不会给车安上路的名称。这一切的名字名称在我们的心意识中不断积累,形成了我们的认识和观念。安立名字本身没有错,因为外界事物千差万别,为了了解和了知它们必须一一分辨和安立名字,这

样才能做到心中一目了然。同时,在与人交流时也必须以语言或文字进行,因为没有称呼几乎无法开口,无法表达,所以名字本身没有错。

那么,错误观念从何而来呢?有两种情况,一是从没有事物的名字也就是虚言妄语中而来,就是把不存在的事情说成了有。比如前一段时间有一件真实的事,说的是一个动物园,因为没有熊猫,所以他们就给松狮犬进行了染色,经过专业宠物美容师的化妆染色,两只松狮犬就变得像大熊猫一样超级可爱,并且给它们起名为熊猫犬。那么,在这个动物园大熊猫存不存在呢?这个必须在现实实际中寻找,如果能够找到大熊猫,大家都能看到,那么大熊猫就是有具体事物可依,说自己有大熊猫就可以成立。如果找不出大熊猫,大家都没有看到,那么说有大熊猫就是虚假的,不存在的,也就是说语言和事实不符。只能说在此动物园实际上存在的是两只涂了黑白色的松狮犬,这两只松狮犬的颜色与大熊猫的黑白色很像,尽管它们的名字叫熊猫犬,看起来也非常可爱,但是,它们终究还是犬而非大熊猫。我们常说以事实为依据,这个事实就是真实的存在。这是一种错误认识,就是名字背后没有可依的事物的错误认识。

另一种错误认识,名字的背后虽然有可依的事物,但名字不是事物。虽然名字不能离开事物,但名字又不是事物。比如说"火"这个名称并不是真正的火,真正的火是那个燃烧的红红的火焰,它有热量,有抵御寒冷、煮熟食物的功能作用,而"火"这个名称却没有这些作用。如果"火"这个

名称就是真实的火,那我们做饭就不用煤气了,在纸上写上"火",把食物放上去,一会儿就熟了,可现实中是无论如何也找不到这样的事例的。

真实的火可以直观感觉,可以看到它的颜色,近距离还可以感受到它的热度,甚至直接接触还可以感受到烧灼的体验,而在"火"字上并没有任何感觉。我们的观念中都是与实物一一对应的名字名称,这些名字名称就是概念、文字,它们的功能作用是指向实际存在的事物,通过它们我们去感触事物,感受事物,从而获得内心最真实的体验。但是如果我们错把名字名称当做了事物,那么当我们跟着名字名称跑的时候,我们就与实际的事物擦肩而过,并越来越远了。在这种名字名称的导引下,我们如同进入了梦境一般,看似真实,却什么也抓不到。

生活中,我们每天都处于这种情境中,人们绞尽脑汁地用语言、文字来吸引眼球,来博流量,所以,标题党也就应运而生。骗子们甚至针对不同的人群打磨出一套套对话的语言文案,也就是所谓的话术。看了一个视频,一个57岁的男人,并没有什么受教育的背景,却成功地对5名女大学生实施了骗财骗色,而且是让这5名女大学生心甘情愿受骗。事情是这样的,他进入到大学校园,先是物色骗取对象,选定目标后,走到她面前,表情严肃地低声说道:"别说话。"然后从兜里掏出一个类似警察证的证件,就在裤兜那儿晃一下便装了起来。然后他说:"我是一名特工,正在执行一项任务,有两个罪犯在你们学校的某某地方见面,因为我是从外地过来的，对你们这儿不熟悉，所以请你带我过去可以吗？"女生一听，内心很兴奋，这是电影里才可以看到的场面、桥段，想不到今天就落到自己身上了，于是马上应允了。在过去的路上，男人又说为了不引起人们的注意，要表现出两人很熟悉的样子，便挽住了女生的手，女生顺从了。从始至终男人的耳朵上都戴着一个耳麦，装作和上级领导随时汇报情况和接受指令。就这样，男人成功地拉着女生的手走出了校园。接着又以同事被罪犯伤害住进了医院，带着女生到了医院，又借口同事伤情很重，单位已派人送钱，但还得一个多小时才能到，这样会耽误抢救为由向女生求助，女生马上把自己的钱全部取出来给男人应急。之后，又接到上级指令，其他办案人员暴露了，只有他在女生的掩护下尚且安全，为了更好地隐蔽身份，命令他和女生先在酒店开一间房间住一晚。男人好像面露难色，和上级沟通是否还有其他方案，可女生毫不怀疑，反而觉得自己在为国家办事，主动支付了住宿费用，并用自己的身份证办理了住宿。进入房间后，男人又表情凝重地说，门外有人走动，看来是被人盯上了。然后查看了一番房间，说房间顶上的烟雾报警器里装了摄像头，他们被监控了，必须行夫妻之事才能不被怀疑。就这样，他成功地完成了骗色骗钱。在整个过程中，女生丝毫没有怀疑，直至第二天返校，她对宿舍的同学说起这段充满刺激的经历，同学们才让她报警。电信诈骗也是如此，他们设计了完整的话术，人员分工明确，各个步骤环环相扣，层层递进，一步一步诱导着人们走入陷阱。

骗子的话果真是无懈可击吗？不尽然。他们只是外缘，而我们才是内因，而且是主要原因。这个主要原因就是我们把文字语言当成了真实的事物，因此，当人家说出美妙动听的语言，写出华丽的文字，诸如什么美女、女神、男神之类的，我们听了、看了就心花怒放，意气风发，恨不能立即就得到此，这恰是最危险的时候到了，因为我们已经掉入了语言的陷阱中。一旦我们追随语言的行为出现了，那就意味着我们掉入了陷阱中，引发的自然是不尽的痛苦，从而悔恨一生。语言文字的作用是双面性的，它可以把我们导向真实的直觉体验，也可以把我们引向文字的游戏情节中而无法跳脱出来，这正是感性思维和理性思维的分界点。一念之间，天上地下，不可不慎！

值得注意的是，名字和事物之间虽是或然的关系，也就是说名字是人为起的，既然是人为起的，那么就有着多种的可能性。比如大熊猫花花，最初给它起的名字叫花花，于是人们就都叫它花花。如果当时起名叫兰兰、草草，那么它现在就叫兰兰、草草了。但是一旦给它起名叫花花之后，就达成了一个共识，即大家都接受和认可花花这个名字之后，就统一叫它花花了，这个时候就不能再各自给它起各自的名字了。如果你说叫它兰兰，他说叫它草草，其他人各自又有自己给它起的名字，那就乱了套了。因为一物多名，各说各的话，就无法交流和沟通了，也就弄不清彼此都是在说什么了。所以，名字虽然是人为安立的，但也不可张冠李戴，必须与事物相对应，必须以大家形成的共识为标准而使用。

烦恼的形成

我们的五官感官在摄取客观事物的时候，比如，我们在排队等车，这时眼睛看到一个人插队进来抢在前面坐在了座位上，我们便没有座位可坐了。于是，我们提出意见，他不但不听，反而态度生硬。这时我们的眼睛看到这个人的表情、身体动作，耳朵听到他说话的语气、声音，内心瞬间就升起了一种感受，这个感受就是不好受。眼睛在看到强光照射的时候会马上闭眼，这个时候仅仅是眼睛的不好受，还没有波及内心。而此时的不好受就不仅仅是眼睛的不好受，而是通过眼睛所看事物引起了内心的不好受，这个不好受的心理瞬间就引发了生理的不好受，那就是身体的胸部好像瞬间被什么东西填满了。原来，胸部是轻松的、通畅的，因心理的不好受导致我们感觉胸部瞬间填满了东西，因而变得紧张、阻塞、僵硬，以至于连呼吸空气都感觉困难，这时，就是叠加了身心的两种不好受。紧接着，眼睛所看、耳朵所听的事物进入了心意识，成为心中影像。由于以往我们有过类似或相同的心中影像和直觉体验，所以眼下这个心中影像一进来，马上就把过去潜藏在心中的影像全部调了出来，同时把以往的观念和直觉体验一并勾了起来。正所谓新仇旧恨叠加在一起，两股力量交织起来就会引发行为。

什么样的行为呢？当然是粗暴的语言和行为，或是指着

对方破口大骂，或是握拳挥向了对方的身体。而对方此时也没有闲着，他和我们的心理感受、身体感受的不好受一模一样，于是双方就产生了冲突。这种冲突的语言和行为又一次摄取到我们的眼睛、耳朵里，进入到心意识中，使心中影像更加深刻，观念更加坚固。此时的新仇变成了旧恨的养料，使旧恨又累加了一分，这就是我们的情绪、烦恼形成的整个过程。

要想去除烦恼，就得把烦恼形成的这个链条打断，从哪里打断呢？又以什么来打断呢？以理性思维来打断它，从心中影像处入手。当我们的眼睛所看、耳朵所听的事物进入心意识中成为心中影像，这时，理性思维就要赶紧介入，不让这个新进来的心中影像勾连以往的心中影像，也就是说孤立它，观察它，分析它，分解它，阻断它和以前的心中影像相互连接，那么它的力量就是弱小的，就不足以兴风作浪。而一旦它和以前的影像相互连接，它们的力量就会几何级增长，难以控制。

理性思维介入后，赶紧察看心理、身体胸部的不好受。呼吸的不畅很容易带动意识的紊乱，此时，赶紧调整呼吸，使呼吸平稳下来，然后再对身心的不好受进行分解。身心的不好受就是冰山，智慧的能量就是太阳，一方面以太阳之光芒理性思维不断作用、不断作用来消融身心的不好受，一方面阻断了旧的不好受的援兵来增援，这样身心的不好受就慢慢消退了。此时，我们的内心就是清凉的，内心清凉了头脑就冷静，头脑冷静了，对眼睛、耳朵摄取的事物就能正确看

待和处理，言行举止就会合情合理，合法合规，我们就不会伤及自己及他人。

理性思维经过学习、培养和训练，是可以从无到有，从小到大，从弱到强的。无论我们学习多少年，学习多少知识，学习多少理论，最终都是以培养和建立起强大的理性思维为目的，因为只有理性思维可以为我们的人生保驾护航。有一句话是明哲保身，这个哲就是理性思维，只有理性思维可以导引我们朝向幸福和快乐！

心念

所谓心念，就是心意识中的想法或者念头。我们的心意识本身是平静、安宁的，如同平静的大海水一般宁静。但是，一阵微风吹过，水面就会泛起阵阵涟漪，这个时候水平面就失去了平静，或者说此时就看不到静止的水平面了，只能看到一层层的涟漪。微风是什么？就是我们的五官感官所摄取的事物，即眼睛所看的颜色，耳朵所听的声音，鼻子所嗅的气味，口舌所尝的味道以及身体所触的冷热软硬。那一层层的涟漪又是什么呢？就是我们心中的想法和念头。这些想法和念头是从哪里来的呢？就是从五官感官所摄取的外部事物和潜藏在内心的心中影像以及观念中来。念头有多少？可谓数也数不清，说也说不尽。我们每天头脑中的想法和念头一时也停不下来，每一分每一秒都处于活动状态，故而无穷无尽。

有人说："我没有胡思乱想呀，我什么也不想。"真的是什么也不想吗？真的是什么也没有想吗？不是。我们之所以感觉不到自己随时处于胡思乱想当中，是因为我们长期以来对胡思乱想习以为常了，从而感觉不到心中的想法和念头每一分每一秒都在不停地活动。就如同我们开车在高速公路上飞奔，时间长了，就感觉不到车子的速度了。一杯混浊的水在晃动的情况下杂质和净水是分不开的，也就是说分不出

来什么是杂质，什么是净水，只有把这杯水放在桌子上静置不动了，慢慢地，杂质和净水才开始剥离。这时，我们才能看到杂质落在水底，清水浮在上面。同理，由于我们平时一直处于胡思乱想之中，所以我们的想法、念头和心意识根本分不开。为什么呢？因为我们从早上一睁开双眼，眼睛就不停地看，耳朵就不停地听，在五官感官当中眼睛和耳朵最繁忙，一天几乎不休息。相对而言，鼻子、口舌较为清闲，只有吃东西有气味时才工作，其他时间则可休息。即便是夜间我们睡觉的时候，五官感官进入了休息状态，意识也不会停歇，而是以梦境的形式继续活动。

虽然想法和念头无穷无尽，但大致可分为三类，即正面的、负面的、庸常的。所谓正面的念头就是人们常说的正能量的想法，比如，善良、相信、精进、有惭、有愧、施舍、仁爱、明理、慎独、悲悯等等。而负面的念头，如贪心、愤恨、嫉妒、恼怒、怀疑、无惭、无愧、傲慢、谄诳、悭吝、害心等等。庸常的念头则是不想利益他人，也不会损害他人。正面的念头是我们改变的动力，因为相信天道酬勤，所以我们会努力奋斗，精勤学习。因为相信举头三尺有神明，善恶到头终有报。所以我们在日常生活中会自我规范、自我约束，慎心、慎行、慎初、慎终，不以恶小而为之，不以善小而不为。有惭心的存在，才可以使我们做到吾日三省吾身，自我反省。有愧心的存在，我们才能改过自新。只是如今惭、愧之心念在人们的意识中正在淡化。一天走在路上，听到一位母亲对一个七八岁的孩子说："你不要说他的问题，找你自己的原

因,让你承认个错误就这么难吗?"是呀,如今不管老少,人人都是背着镜子照他人,自己一点没毛病,无惭无愧的现象正越来越明显。

为什么会这样呢?就是因为我们的感性思维太强大了,心完全跟着眼睛和眼睛所看的事物迅跑。经济飞速发展,物质极大丰富,使人眼花缭乱,而贪求、不满足的心一旦被激发,就如洪水开闸一发不可收拾。手里握着的永远不如眼睛看到的那些好,尤其是身边的人拥有的比自己更多更好,愤恨、嫉妒之心便油然而生。这种心念一起,又迅速勾起了以往的心中影像,于是陈皮子烂谷子都翻腾了起来,心中这杯混浊的水便晃动得更加厉害了,完全分不清心意识和念头了。种种影像画面在心中滚动出现,越想越纠结,越想越苦恼,身心不由自主地越绷越紧,心跳加速,热血沸腾。伴随着伤害人的心态,行为上的粗暴便凸显了出来,此时,若有一念惭愧之心尚可阻止粗暴的行为。惭是在没有他人的指责下,内心生起的内疚、责备的心,是一种自我反省的心态。而愧是担心他人责备自己,而加以改过的羞耻心,想到自己的行为会受到他人的指责,所以就会约束自我、管理自我。若是毫无惭愧,反而心生傲慢,那么我们就在错误的道路上越走越远,越走越危险了。不是有一句话说:"想让一个人灭亡,必先让他疯狂。"庸常心念在我们的日常生活中随处可见,没有什么利益他人的想法,也不至于害人。很多时候是事不关己,高高挂起。

很多人认为庸常的想法没有错啊,我又没有害人之心,

又没有做什么害人的事儿。殊不知,这种心态更加危险。为什么呢?因为害人者他的粗暴言行表现在外,人们可以看得到,可以提防。而这种表面上的人畜无害却可以麻痹人们,从而失去警觉。有的人更是为了一己私利谄诳于人,谄是花言巧语隐藏自己的过失,同时又奉承他人以保存自己的名利。诳是粉饰自己,大言不惭,装出一副高尚崇德的样子骗取名利。多少人在这种美其名曰"提供情绪价值"的噱头下,迷失了自我,失去了判断。

在我们的心意识田中栽种的不是苗种子就是草种子,也就是说不是正确的观念,就是错误的观念,而庸常的心念,则是无知的观念。因为它是无知的观念,所以它终将会成为错误的观念。正确的观念下产生的便是正确的行为,继而是良善的结果。错误的观念指导下产生的必然是错误的行为和苦果、恶果。正所谓善因善缘得善果,恶因恶缘得恶果。

什么是正确认识？

正确认识就是理性思维。什么是理性思维？就是对事物的观察、分析、分解、审视、推理、判断。感性思维是加法，理性思维是减法。感性思维是抓取，理性思维是清除。五官感官摄取事物的最初之瞬间并没有错误，这个时候的五官感官犹如镜子一样把外界事物照进来，只有把事物照进来，意识才能看到，才能对其进行观察、分析、判断。但是在五官感官把事物照进来的同时，事物在心意识中的影像和名字名称亦同步生成了，此时意识一跟着影像和名字名称跑，就滑入了感性思维中，也就是进入了抓取的轨道中。于是，心意识看到什么就抓取什么，听到什么就抓取什么，尤其是对名字名称的抓取更是执着。外部事物的物质生产速度再快也赶不上名言概念的涌现，因为物质生产需要原料，需要加工过程，需要时间，而名言概念则是瞬间就能形成，没有成本，不需要过程，张口就来。如此一来，各种各样的名字名称、名言概念便不绝于耳。这些名字名称与名言概念铺天盖地涌入心意识中，成为进入净水中的杂质，水便越来越浑浊，直到分不清杂质和清水。这个时候，我们的心意识中全部都是观念，既看不到外部世界的真实事物，也看不到本然平静、清净的心意识，这便是感性思维不断抓取，不断做加法的结果。

而理性思维则是心意识中的清道夫，它就守在心意识的门口，它的职责就是保护心意识的干净、清净，不让杂质污垢进入其中，同时还要清除这些杂质污垢。于是，在五官感官摄取事物的同时，在事物照进来的同时，在心中影像和名字名称同步生起的同时，它便迅速启动，把一个个名字和事物剥离开来，并从心意识中清除出去。

名字名称是个媒介，它的作用是指向事物，就如同媒婆给一对青年男女牵线搭桥，她把两个人撮合在一起见了面，她的任务就完成了，就要退场。因为小伙子要见的是姑娘，姑娘要见的是小伙子。同理，名言把事物带进来，它的任务就完成了。心意识此时要见的是事物本身，是要对事物进行观察、分析，而不是把事物放在一边，追着名字名言去跑，那就走入误区了。所以，理性思维就是在心意识门口做简择，做减法，留下事物，清除名字，留下事物，清除名称。最后，把观察分析后的事物也全部清除出去，这样心意识中就能始终保持干干净净。家里的卫生不及时清扫，很快就会混乱不堪，没有下脚之处，心意识中又何尝不是如此呢？只有感性思维在前面抓取，而无理性思维在后面清除，那我们的心意识必然是阻塞、混乱的。

如何建立正确认识？

所谓不破不立，破字当头，立也就在其中了。也就是说其实去掉错误认识便是正确认识，并不是要另外建立一个什么正确认识。如同一件沾了污垢的衣服，把衣服上的污垢去除了，它就是一件干净的衣服，还是原来那件衣服，并没有另外一件干净的衣服出现，而是同一件衣服的两种不同的状态，一种是染污状态，一种是清洁状态。生活中每个人都有这种两面性，尤其是在小孩子身上更加明显。一会儿闹腾，一会儿又很乖巧，一会儿清醒，一会儿糊涂，清醒也好，糊涂也罢，都是发生在一个人的身上。

为什么会出现这种情况呢？一是知其然，不知其所以然，没有从根本上真正明白了事理。二是不稳定，不能持之以恒。如同人们常挂在嘴边的"知道"，一是只知道"知道"这两个字，并不了知知道的真正内涵是"物有本末，事有始终，知所先后，则近道矣"。二是如果连"物有本末，事有始终，知所先后，则近道矣"这段话都没有听说过，或者只是会念诵这段话，对其义理并不明白，那又何谈能做到呢？三是即便已从道理上、义理上明白了，能否落实在自己的言行举止上还是两码事。所谓理可顿悟，事要渐修。

生活中常常听人们说："你说的道理我都懂，我就是做不到呀。"之所以做不到，原因无非是两种，一是从道理上

就不明白。二是从道理上明白了,但还做不来。《道德经》中有"上士闻道,勤而行之;中士闻道,若存若亡;下士闻道,大笑之,不笑不足以为道"。

生活中有两种人容易成功,哪两种人呢?一种是绝顶聪明的人,一种是很愚笨的人。为什么呢?绝顶聪明的人头脑敏捷,智商水平高,他一听就能领会和明白这么做的利弊是什么,所以马上就照着去做了。愚笨的人他自己的智商水平不够,他也不可能想明白,所以他也就不费那个劲儿了,完全照着你说的去做就好了。而恰恰是照做最容易成功,因为这是人家已经走出来的路,你跟着人家的足迹走下来,最快最省力。那成功不了的就是介于二者中间的一类人,既达不到绝顶聪明的人的智商水平,又具有一定的思考能力。而恰恰是有一定的思考能力反而耽误了事情,为什么呢?因为这仅有的一点思考能力不足以穿透事物的现象而达到事物的本质上,所以只能停留在事物的现象上。就如同要煮开一壶水,煤气很足的话,一会儿这壶水就开了,而如果煤气的火苗始终是一口悠悠气,若要水开就不知道要等多久了。头脑的智慧不够就想不到核心上,但又会想,又要不断地想。所以想来想去就变成了胡思乱想,于是,这种胡思乱想就成了阻碍自己成功的最大阻力。

几十年的学习历程、改变历程,我对此体会颇深。时至今日,对老师的话我依然做不到言听计从,百依百顺。为什么呢?因为老师的认知范围远远大于自己,老师心中的世界如大海般无边无际,而我还在溪水中拼命游向湖泊,所以老

师说的话于自己而言,就是一个陌生的世界,从未经历和体验过。人们对自己陌生的东西本能地抗拒,为什么呢?因为在我们的心中有一个根深蒂固的"我",陌生对我们意味着不确定、未知、恐惧、担忧、害怕,而这个"我"却是不能受到一点点的伤害和委屈,这个"我"不能被触及一丝和一毫。这个我存在吗?它又是怎样的存在呢?其实这个"我"并不存在,它的存在只是一个观念,没有任何实质。

生活中存在于现实世界中的是每个人的身体,每个人的身体是从父精母血而来,经过十月怀胎渐渐长大,一朝分娩后我们便可看得见,摸得着。然后又看着他一天天茁壮成长,经过婴幼儿、童年、少年、青年、壮年、老年各个阶段,直至一期生命的终结,这个身体和它的生命周期的变化是真实不虚的存在。人们为了区分和辨别每个人的不同,于是在每个人的身体上都附加了一个或几个名字。同时为了交流的方便,说话时往往用我、你、他来称呼。每个人的身体是真实存在的,但并没有我们心中那个真实的"我"。当我说话的时候,用"我"来表示自己,你说话的时候也是用"我"来表示自己,他说话的时候还是用"我"来表示自己,每个人表达自己的时候都是用"我"呀,那么谁才是真正的"我"呢?因此只有称谓的"我",而没有真实的"我"。但是,随着这种名称在自己身上的应用,人们渐渐地把"我"所依存的身体丢在一边,而执"我"为真实存在了。于是,这个"我"在每个人的心中就越来越明显,越来越清晰,越来越真实,越来越神圣不可侵犯,不能触及一丝一毫。与身体相比,与

他人相比,"我"凸显得尤为重要。

正因为有这个"我"盘踞在心意识中,所以当我们的五官感官摄取各种事物信息回来汇入心意识中,本该由犹如镜子一样的心意识对其进行观察分析,这时却无法完成了。为什么说心意识犹如镜子?因为只有镜子才能准确地反映出事物的原貌,不加一丝,不减一毫,这样才能彻见事物的真实面貌,而不至于出现偏差。可是现在由于"我"占据了心意识,于是心意识的镜子照物功能就消失了,也就无法观察事物了,更谈不上什么分析事物。取而代之的是"我"来面对事物,因为"我"的参与,使当下摄入的信息和以往心中的影像、名言统统搅和在一起,分不清谁是谁非,轻则泛起阵阵涟漪,重则掀起层层巨浪。这个时候要看清事物已然根本不可能,又怎么能做出正确的判断?所以,这个时候的观念、认识统统是错误的,统统被"我"导入了歧途。

怎么办?只有看见"我",看清"我"的虚假不实之处,它就如衣服上的污垢,并非本然存在,看清"我"只是依着身体而安立的一个名字名称,仅仅是一个称谓而已。在表达自我时发挥它的作用,在不需要表达时就让它退去,也就是需要用它的时候让它出来,不需要它的时候就下去待命,而不是在任何时候都把它紧紧地抓在手里。时间一久,鸠占鹊巢,它变成了主人,而我们真正的主人心意识却匍匐在它的脚下,这就是错误观念,就是沾染在衣服上的污垢。把它从主人的位置上拉下来,赶出去,清除出去,心意识就回归了本位。这时我们的心就是干净的、清净的,就是平静的、安

宁的。此时就是正确认识的结果，已无需再去寻找和建立一个正确认识。

人生之意义

生而为人,这一期生命有什么价值和意义?这是我们首先和必须弄明白的。生活中,不论我们做什么事情都会有一个目标和目的,大至为了考一个心仪的大学,所以我们从小就开始努力学习,不敢松懈,直至达成目标。小到今天中午要吃个宫保鸡丁饭,因此我们会去超市购买鸡脯肉、花生米、辣椒、黄瓜、胡萝卜等食材。只有确立了目标,我们才有方向,我们所有的心力、精力、物力、财力才能汇聚在一起,才能完成一件事情。什么事?就是上至考上心仪的大学,下到吃到一盘正宗的宫保鸡丁饭。

生而为人,最大的价值和意义就是可以重塑生命,也就是可以自己掌握自己的命运。人人都想离苦得乐,都想趋利避害。苦是什么?怎么来的?乐又是什么?如何获取?获取的途径是什么?什么是利?什么是害?这些问题都弄不明白,怎么可能做到离苦得乐,趋利避害呢?每每面临各种灾难,大至地震、暴雨、洪水、死亡的危险,小到生活中的种种坎坷、不顺、疾病等等,人们除了惊愕、唏嘘不已,便无能为力了。好像这一切都是外部世界强加于我们身上的,与我们无关。殊不知,作为客观事物的一分子,我们与客观事物之间是相互影响,相互作用,相互制约的。而且作为客观事物中能认识的一方,我们比客观事物中所认识的一方发

挥的作用更大，产生的影响力更大。在我们中国文化传统哲学思想中，早就提出了"天人合一"的重要概念，同时提出的还有"修身、齐家、治国、平天下"之理念，客观事物只有物质部分，而人则是由物质身体和精神意识两部分组成，每个人的世界观决定了自己一生的命运及生活的环境。那又是什么驾驭和统领着自己的世界观呢？那就是自己的思想认识，即对客观事物的观察和认识，不同的观察产生了不同的认识，不同的认识又产生了不同的行为，不同的行为又导致了不同的结果。所以，一个真正有学识的人，是从认识自己和认识客观事物入手，进行深入细致的观察和分析，从中发现事物形成、发展、变化、消亡的运行规律，发现其组合、排列、运行的自然规律，并以此规律深深地启发自己，使自己对自我和外部客观世界有了一个翻天覆地的新认识，从而达到自己教育自己，自己改变自己。

怎么改变自己？就是要不断地学习了解和了知事物一方和能认识一方由表及里，由现象到本质的深入、细致、准确、正确的辩证关系，从而洞察事物的生成、运动、发展、变化、消亡之全部过程，也就是寻找到了客观世界和主观认识的变化规律。继之由点推线，由因推果，由果寻因，从心意识到物质身体到客观事物，再从客观事物到物质身体到心意识，顺正逆反，在各种内因外缘条件下导致的善恶结果丝毫不差。

一个人能教育和改变了自己，有什么不能教育和改变他人的呢？因为他人和自己是一样的身体结构，一样的思维条件，一样有离苦得乐，趋利避害的基本愿望，一样能思会想，

只是所思所想的内容不同罢了,因而导致了不同的行为和结果。所以,通过教育自己和改变自己,推之启发他人和带动他人。随着自己的变化,家庭也发生着变化,作为社会组成的最小单位家庭改变了,社会风气亦随之而变,这样由近及远,由己及家,由己及人,修身齐家治国平天下便顺势一路推了出去。

目前,在心理学界有一种说法是原生家庭。哪一个才是原生家庭呢?我们的父母是我们的原生家庭,父母还有父母创造的原生家庭,父母的父母还有父母创造的原生家庭,追溯上去无穷无尽。我们又是孩子的原生家庭,孩子又是他的孩子的原生家庭,往下发展亦是无穷无尽。所谓的原生家庭,就是人类发展长河中家族命运的链条。真正有意义的是认识到这个链条的前因后果,懂得其发展变化之原理,打断它,重塑它。怎么办?就是从自己开始,从我开始,修身齐家一路推出去。抱怨父母、家庭是没有任何意义的,它只能使自己更加消极懈怠,教育和改变自己才是人生的价值意义。经过几十年的学习和改变,我终于可以自豪地说,我已从家族命运的链条中脱离出来了,我终于活成了自己想要的样子,我终于给孩子们创造了新的原生家庭,他们从此便可以开启阳光、积极的新生活。能以我一人的改变而使家族的命运基因发生根本性的改变,我不枉今生!

苦与乐

什么是苦？在我们的一生中生老病死皆是苦。人从一出生就感知到苦，所以人来到这个世界发出的第一声便是啼哭。随着年龄的增长，物质身体逐渐衰老，脏器功能逐渐退化，眼睛开始老化，看不清东西，牙齿开始松动，再不能咬合硬质的食物，原来对别人家的电视机发出的声响很是反感，现在自己家的电视音量正在日渐增加。再美味的食物摆在眼前也只能浅尝辄止，因为胃肠的消化吸收功能已大大减弱，多吃几口是一种痛苦而不是享受。人吃五谷杂粮，怎能没有病痛？一个小小的感冒就能使自己浑身无力，头痛、发热，甚至可能丧命。生病时不仅生理上出现各种不适，心理上亦顿添很多压力。死亡之苦更是难以接受，光是听到他人的死讯就足以让自己恐惧和心悸。生活中有时候自己所爱、所喜欢的人不得不分离，而自己不喜欢、憎恶的人却偏偏躲不开，不得不生活在一个屋檐下，或是一起工作、学习和共事。想得到某个东西，拼命努力却始终无法达成愿望，而想守护的东西，却又不能阻止它在自己眼前失去。

苦是真的苦，而乐却不是真的乐，因为我们所追寻的乐并不能长久。红烧肉好吃，最初吃的时候感觉美味可口，可是连续吃上一盘、两盘、三盘会怎么样？这个时候就会由乐变苦，可能诱发疾病，可能从此再也不愿意看到它了。我们

行走在路上,走的时间长了会感觉累,此时坐下来就会有一种乐的感觉。而如果一直坐着呢,会一直乐下去吗?显然不是。人为什么不能持之以恒?就是因为感受到了苦,所以不断地调整和变化状态。从一种状态到另一种状态,一开始好像是乐,时间一长就变成了苦,所以就得再次变化,而变化本身亦是苦。

人之所以不断地向前发展,一方面是源于欲求更多、更好,一方面是源于想摆脱现有的苦。因为不满足现有,才会想抓取更好、更多,这个不满足就是苦,它既是苦的因,也是苦的果。生活中我们再喜欢的东西也会随着时间的流逝而变得陈旧,失去光泽,再好的关系也会随着时间的流逝,渐行渐远,再放不下的人也会随着时间的流逝成为回忆。甚至我们最爱的自己的身体,从出生那一刻起就开始走向衰亡,一分一秒也不会停歇,完全由不得我们自己。我们所拥有的一切都是那么短暂,出生的时候握着拳来,死亡的时候却是撒手人寰,什么也带不走。

难道说我们的一生注定只是有苦无乐吗?那么人生的意义又是什么呢?答案是否定的。人生不只有苦亦有乐,乐有两种,一种是享乐,一种是真正的快乐。我们平日里所追求的并不是快乐,而是享乐。享乐的本质是苦,而乐只是一时的现象。快乐的本质是乐,不会变苦,就如同金子从矿渣中提取成金之后,永远不会再复回矿。那什么是真正的快乐呢?就是智慧无碍。我们原本不会开车,经过学习的过程,一旦掌握了开车的技术之后就永远不会忘记了,这便是快乐的一

分。学习中面对难题苦思冥想,寻找解题思路,这个时候是痛苦的,而一旦我们找到了解题思路,头脑瞬间就是清醒、豁然开朗的。从此以后,这样的问题再也不会难住自己了,这便是快乐的一分。面对五官感官摄取回来的事物以及影像、名称,理性思维能清清楚楚地将它们一一区分和辨别,一一去伪存真,去粗取精,由此及彼,由表及里,一目了然,明明白白,那么心意识的大海水就不会受到任何焦虑、恐惧、不安等等情绪和烦恼的干扰,就能始终保持平静、安宁、祥和,这便是快乐!生活中的一切阻碍在智慧的阳光照射下都会化为乌有,能找到这种境界便是找到了快乐,时时处于这种境界便是生活在了快乐之中!

获取乐的途径

我们的物质身体自带一套去其糟粕、取其精华的运行系统，你看，不论我们吃进嘴里什么样的食物，果类、蔬类、谷类、肉类，都能经过牙齿的咀嚼，后经食道传输进入胃肠，进行消化吸收食物的精华部分，并将糟粕部分排出体外。这使得我们的身体能充分摄取到所需的营养物质，从而健康茁壮地成长，使生命得以很好地延续。在我们的精神意识中亦有这样的运行系统，所不同的是，物质身体这套运行系统是随着人的出生，五官感官摄取外界事物开始就自动激活了，就进入了自动加工运行程序。而精神意识这套运行系统必须经过正确的培养和训练，才能逐渐被开发出来。一代代先辈在生活实践中发现和找到了激活这套系统的生命密码，并将它用于自我认识、自我改变的实践中，从而找到了回家的路。而更多的人则是根本不知它的存在，甚至一生都没有能激活和开发它，停留在了感性思维的层面上，直至终老。

当我们的五官感官摄取外部事物的各种信息之时，也就是眼睛看物体的种种形状、颜色，耳朵听人说话声、自然声响等种种声音，鼻子嗅各种香臭气味，口舌品尝酸甜苦辣，身体触受冷热软硬等等数据和信息之时，这些信息和数据全部一股脑儿地装入心意识的大仓库中，这使得心意识里装载的种种东西鱼龙混杂，良莠不齐。其中有外部事物的影像，

有各种各样的名言概念，有过去留存的影像，有当下正在源源不断涌入的信息，有对未来的虚幻构想，这一切都混杂在一起，搅和在一起，纠缠在一起，难分彼此。正因为如此，我们心意识的大海平面总是被风吹起阵阵涟漪，甚至经常掀起狂风巨浪，难以平静和安宁。然而，庆幸的是经过正确的培养和训练，我们每个人都可以建立起一套内心的自我净化系统，进入正确理性思维的运行轨道。如今，净化技术已在多个领域开发和应用，净化空气，净化水质，等等。然而最需要净化的首先是我们人的心灵，因为作为客观事物中能认识的一方，人的内心对客观事物的形成、发展、变化起着主导作用，影响深远，因为内心的净化是我们生活、工作、学习幸福和快乐的源泉。

那么，如何建立这套内心的自我净化系统？从哪儿入手呢？就是从理性思维入手。什么是理性思维？就是观察、分析、分解事物的能力。比如，放在我们面前的手机如果不加观察和分析，我们看到的就只是手机的形状和颜色，以及附加在它上面的种种名言标签，最新款、旗舰版、限量版等，依着形状、颜色和这些标签我们就会产生好不好、喜欢不喜欢的感受，继之是想得到的贪念，以及想而不得的嗔念。于是，情绪、烦恼便一发不可收拾地蔓延和爆发。

如果加以观察和分析又会怎么样呢？当我们看到手机的形状、颜色之时，听到手机的语言发声之时，立即对其进行观察、分析。手机是由前面的显示屏和后面的后盖组成，里面是电路板、电池，电路板上又有各种零件，这些零件经过

排列组合之后,成为一个处理器和存储器。这些关键组件是手机的硬件,而操作系统和应用程序则是手机的软件,硬件和软件整合在一起,一部手机就完成了。于是,这部手机就可以接打电话、发短信、微信,还可以书写、支付等等,具有多种功能作用,给我们的生活、工作、学习带来了极大的便利。

手机是经过设计师的构想,经过原材料的组装,整合而有,是在各种因素条件下形成的,并不是凭空而有,而且一旦它生产完成之后,就朝向变化、消亡而运行。随着时间的流逝和使用频次的增加,它将变得陈旧而失去光彩。同时,新的手机款式、颜色、功能不断地出现,它日渐凸显落后而终将被淘汰。每一款手机问世时都自带光芒,吸引着众人的眼球,使人心生向往,爱不释手。但过不了多久,随着新款手机的问世,它就变得黯然无色。不管是人还是物,只要是具有变化的性质,终究都是一样的结局,同样的命运,唯有智慧的光彩可以在人类历史长河中熠熠生辉,始终光芒四射。

手机就是这么一个东西,人们给它起了一个名字叫"手机",于是,大家约定俗成,共同认可它和称呼它为"手机"。这个名字不是手机本身,手机本身可以接打电话,有它的功能作用。而"手机"这个名字只是人们交流沟通时的一个媒介,用来指向大家所要表达的这个东西。至于附加上去的最新款、旗舰款等等名言更是纯粹的一个名词,是商业销售中的一个套路,除了语言发声之外,没有任何实际作用。这些附加作用都是人为安立上去的,如果这些附加作用是真实存在的话,

那就应该是尽人皆知,人人可见到、可听到、可触到。然而除了追捧、追逐它的少数群体之外,更多的人根本不知道它的存在,对于根本就没有这些名言概念的人来说,它的附加作用毫无意义。

这就是对五官感官摄取回来的事物进行观察和分析,这就是理性思维。当我们这样思维的时候,我们的心意识就不会跟着眼睛,跟着手机去追逐,就能安稳地留在家中对抓取回来的事物仔细观察,认真辨别,从而去粗取精,去伪存真,把不符合现实实际的部分通通清除掉。这个时候,一切从五官感官抓取回来的影像、名言概念都被理性思维这个心意识的守门人拦截、分辨、判断、简择、清除,使事物本身——清晰地映照在心意识的镜子中,不管外面的事物多么绚丽多彩,多么充满诱惑,理性思维都能如孙悟空的火眼金睛一般明辨真伪,去粗取精,使心意识的大海平面始终保持平静,平静了就没有涟漪,更没有巨浪,我们的心灵就因此而得以净化。

生活中我们的一切烦恼都是来自名言的干扰,由于没有理性思维的守护,我们的心意识大门总是向五官感官敞开,五色令人目盲,五音令人耳聋,五味令人口爽,驰骋畋猎令人心发狂,难得之货令人行妨。所以,我们的眼睛一看颜色就跟着事物及事物的名称跑,耳朵一听声音就跟着事物和事物的名称跑。切记!名言不是实物,实物不是名言。一旦我们跟着名言跑,就如同渴鹿追逐阳焰,虽然精疲力竭也无法得到一丁点的水,终被累死。而在理性思维的尽职尽责下,

心意识则可以逸待劳,端坐家中静观事物。此时,内心的平静、清净、洁净就是快乐!

利与害

俗话说:"无利不起早。"货殖列传序中亦有"天下熙熙,皆为利来,天下攘攘,皆为利往"之说。可见,利与人们的生活有着紧密的关系。求利不是就一定是坏事,而是要看求怎样的利。《大学》开篇就讲到"大学之道,在明明德,在亲民,在止于至善"。这就是利,而且这个利还不是小利,是大利。一个懵懂无知的孩童,从行为规范开始进行良好行为习惯的培养和训练,就是今天人们说的自律的养成,是从小就开始的,从出生就开始的。我们常常可以看到两种截然相反的情境,不管是在高铁上、飞机上或是其他公共场合,同样是二三岁或者六七岁的孩子,一种哭闹不止,大声喧哗,惊扰他人;一种安安静静玩着玩具或看着画册、读书,神情专注,丝毫不会影响到他人。

为什么会出现两种完全不同的行为呢?这就要从孩子的父母、家庭说起了。人的感性思维是与生俱有的,从呱呱坠地睁开双眼开始,眼睛、耳朵、鼻子、口舌、身体这五个窗口就被激活,就进入了自动运行模式,一切的外部事物就看在眼里、听进耳里,这个时候,父母、家庭成员的语言进入孩子的耳朵就成为心意识中的种子。理性思维的语言成为苗种子,感性思维的语言成为草种子。一天在公园走路,看到一位年轻妈妈身背腰凳,一个几个月大的孩子坐在她的怀中,

母亲一边走一边不停地刷手机，或与他人视频通话，全程与怀中的孩子却无任何交流。这么小的孩子是看不懂妈妈手机里的画面，听不懂妈妈与他人说话的内容，但是这并不影响手机中的画面和妈妈的语言摄入到孩子的心意识中，孩子的眼睛、耳朵具备摄取的功能作用，凡是画面、声音都会不加选择地抓取回来，并成为心意识中的种子，待到条件成熟，便会发芽、开花、结果。常听人说："孩子还小，长大就懂了。"长大是多大？哪一天、哪一年为长大？长大的前一天和后一天是如何忽然间转化的？是任何忽然间开窍的？是如何就懂的？草种子会忽然有一天变成苗种子吗？现实生活中找不到这样的事例。所以，教育是爱，而放纵是害。从小建立行为规范，于孩子终身受益，于孩子、于父母都是一生的大利，而一味听之任之，于孩子、于父母都是一生的大害，这些在电视剧、小视频、生活中的诸多真实案例当中都可以得到验证。

食物的摄取只能提供物质身体所需的养料，无法使精神意识得以开发和提升，精神意识的开发、提升依赖的是理性思维的培养和训练。一个人对自己的身体都管理不了，又何谈管理心意识，因为管理心意识远比管理身体要难之又难。一个孩子如果从小就坐不住，就安稳不下来，怎么可能听得进道理，学得进知识呢？相反，在建立良好的行为规范后，便是依着知、止、定、静、安、虑、得拾级而上，步步深入，从事物的现象入手，进入到事物的内部结构、组合、排列、功能作用，直至了解、了知它的一般性质和究竟性质。在这

个学习升华的过程中,随着无知的一点点去除,智慧的一分分增长,整个人实现了从愚痴向智慧的转变,从弱小向强大的转变,从自利向利他的转变。再由自身的改变由近及远,由己及人,影响和带动他人,将修身齐家推向整个社会,使人人都能规范自己的言行举止,人人都能建立正确的理性思维,始终运行在正确的理性思维的轨道上须臾不离。这样的大利谁又会不喜欢呢?

古之所谓孝有三,小孝围在父母身边,端茶倒水,服侍起居。中孝则是通过自己的努力,博取功名,光大门庭。而大孝则是孝天下,天下无不是自己的父母。小孝即小利,中孝即中利,唯大孝才是大利,才是众人皆赞颂之利。一个人的能力大了,力量强了,做利益人的事情就是大利,做伤害人的事情就是大害,利害只在一念之差,所以才有"放下屠刀立地成佛"之说。利害是相互观待的,因害而有利,因利而有害,利害又是可以相互转化的,并非一成不变,并非截然分离的。现在有利将来亦有利的事情可以做,现在有利将来无利的事情不可做,现在无利将来无利的事情不可做,现在无利将来有利的事情可以做。同理,于己有利于他人无利的事情不可做,于己有利于他人亦有利的事情可以做,于己无利于他人有利的事情可以做,于己无利于他人无利的事情不可做。最近常常通过小视频看过去发生的一些刑侦案例,一切的不幸无非来自利害二字,一味地有利于自己,就意味着损害他人,而损害他人就意味着终将损害自己,因为每个人最最珍爱的就是自己。有时在某些利益的光环笼罩下,好

像人们不在意一时失去了什么，但是一旦这个光环如肥皂泡破裂了，那么失去的一切便会暴露无遗。这时整个人的心念就会发生巨大的变化，失去了什么就要夺回什么，失去了多少就要夺回多少，甚至更多。一代代先人在生活实践中总结的无数经验和教训就是告诉了我们，把利字全部放在自身，它终将成害，而把利字放在他人身上，却可永恒利于自己，这就是理性思维所致的结果。俗话说"明哲保身"，这个哲就是理性思维，只有智慧之光的理性思维才可以让我们了解、了知人性，才能让我们了解、了知客观规律，才能始终站在理性的高度权衡利害得失，才能护持着我们始终行进在正确认识的轨道上，才能护佑我们的一生平安、顺遂、心想事成。

欲望控制下的人生

最近看了一些过往的刑侦案例小视频，深有感触。有些事情看起来似乎是偶然发生的，而实际上在这种偶然性中蕴藏着它的必然性。为什么呢？因为人在没有建立理性思维之前，就是以感性思维为主导。感性思维是什么？就是人的五官感官的眼睛、耳朵、鼻子、口舌、身体对外部事物的抓取，以及跟着五官感官抓取的东西随波逐流。人在感性思维的主导下，心意识的作用几乎完全发挥不出来，换句话说，此时的人性是被遮蔽和湮没的状态。

生活中我们常常有一种错误认识，好像一个人的身体发育成熟了，他的心智也会随着身体的发育而发育，随着身体发育的成熟而成熟。这是不可能的事情！精神意识和物质身体虽然不可分离，但又不是一个属性。物质身体的发育和成熟来源于对外部世界中食物的摄取，物质长养物质，而精神意识的发育和成熟则是要靠理性思维的学习、培养和训练。无形对无形，有形对有形，以有形的物质来长养无形的精神意识，这显然是不可能的事情。所以，不管一个人年龄有多大，不管一个人身体有多重、多强壮，在没有建立理性思维之前，他都是以感性思维为主导，他的心智始终都停留在出生时的水平。

一个人在成长过程中接受过知识性的教育，那么他的心

智会随着知识的积累而有所提高，知识虽然是为认识而服务的，然而知识终究不是认识。知识是了解、了知事物的现象，而认识是了解、了知事物的本质。知识是横向的拓展，认识才是纵向的深入。所以，就会出现学历高的人对事物未必有深刻的认识，学历高的人未必心智健全和成熟。究其原因，就是因为十几年或者几十年的学习，他都是围绕着知识的横向拓展而积累，并没有朝向事物的纵深发展而探索和研究。事物的现象千变万化，无穷无尽，追着现象跑一辈子都忙不过来。如今，更是物质极大丰富，社会发展迅猛，信息传播广泛而速疾，每个人的生活、工作、学习，每个人的言行举止，甚至动物们的吃喝拉撒都是现象，人人都能用手机摄录自己一天的行住坐卧之轨迹，摄入家居、动物、自然、植物、景观的发生和变迁，这些全部都是现象。仅仅一天就有数不清的现象发生，一个月、一年、一生呢？如果我们不能对这些现象进行梳理、归纳、取舍，那我们就会彻底湮没在现象中，完全跟着现象跑，也就是跟着自己的情绪、欲望、烦恼跑，因为我们的情绪、欲望、烦恼就是随着各种现象的发生、消失而起伏变化的。我们的眼睛所看，耳朵所听直接左右了我们情绪的发生、发展和变化，由于我们的心意识没有理性思维来守护，所以心完全沦为了感觉的仆人，沦为了现象的仆人，只能受制于五官感官，只能听命于现象的摆布。

近年来，人们常常争论是老人变坏还是坏人变老这个话题，从本质上讲，这个人没有变。他从出生直至衰老，都是以感性思维为主导，只是随着年龄的增长表现得更加固执和

以自我为中心。他的现象虽然一直在变化,但是他的本质从未动过一丝一毫,所谓江山易改,禀性难移正是说的这种情况吧。受过知识教育的人尚且如此,那缺少知识教育的人呢?就是完全生活在了感官里,生活在了现象中。他的世界只有井口那么大,他全部的生活内容就是围绕着吃喝拉撒而进行,跟着吃喝拉撒带给自己的感觉、感受跑。现象千变万化,瞬间发生,因此,我们的想法和念头也是飘忽不定。一念起,万水千山;一念灭,沧海桑田。心智未经开发的人,只有孩童和成人、老人的现象上的差别,本质无二。所以在心意识跟着五官感官跑的状态下,一时兴起做出任何不合情、不合理、不合法的事情,也就没有什么可奇怪的了。一念之差,差之毫厘谬以千里。这一念看似偶然,它只是现象上的偶然,其本质是必然的。

心理学的内容

心理学这个名词已经出现在我们的生活中几十年了,并且日益受到重视。但是,人们对心理学的认识还停留在概念上,停留在玄之又玄、妙之又妙的感觉上,实际并非如此。心理活动是我们的生活中每个人都具备,每个人都要面对的不可或缺的存在,只要具备了我们人的身体主体,就会有其相应的心理活动。此心理活动从我们一出生就具备了,只是较微、较弱而已,伴随着我们身体的成长发育,心理活动从微到强,从弱到盛,不断发展和延续,这就是我们内心世界的活动状态。

我们平时泛泛说的"心"只是一个抽象的名言概念,它的具体体现就是我们人的精神意识和思维活动,也就是我们的主观认识。然而我们的主观认识并不是独立存在的,与之相对的就是外部客观世界的万事万物,这个万事万物的外部客观世界反映在我们人的主观认识内心世界里,就形成了我们对外部客观世界的万事万物的一切认识活动,这个认识活动就是由我们内心世界中的种种名言概念所形成的种种观念,这种种观念影响着我们的情绪与行为,并且主导着我们的情绪与行为。

心即意识,理即结构功能作用,学即学问,也就是说研究人的意识结构及其功能作用的学问即心理学。了解、了知

外部客观事物、名言概念、内部主观认识这三者之间的关系,以及它们之间的连接、作用原理,就是心理学的全部内容。

认识的组成结构

什么是认识？认即我们的意识思维，它是知性和理性的。识即我们的五官感官的感觉触受，它是感性的。感性与知性、理性的结合即认识。

我们人类的认识就是由五官感官即眼睛、耳朵、鼻子、口舌、身体的直观感觉触受与意识思维的活动所组成，这是人类共同的。不同的事，因每个特定的人所处的时间不同，空间不同，环境不同，所接触的人群不同，彼此之间发生的事情不同，因而形成了每个人不同的个性。这个个性就是我们每个人对主观认识和客观事物的不同认识，这个不同认识就是我们心中的种种观念，这种种观念就是我们每个人内心世界的活动状态，其表露在外即我们种种不同的情绪与行为。

认识的形成

认识的形成是从我们的五官感官直接摄取外部客观事物的现象而起，它的产生源于眼睛摄取的客观世界中的一切物质形色的存在；耳朵摄取的客观世界中的一切物质声音的存在；鼻子摄取的客观世界中的一切物质气味的存在；口舌摄取的客观世界中的一切物质味道的存在；身体摄取的客观世界中的一切物质感触的存在。五观感官与各自所对的不同事物接触，并由此接触而产生了五种认识，即对形色的认识、声音的认识、气味的认识、味道的认识、身触的认识，这五种认识是五官感官与五种客观事物接触之时的纯感觉状态，其上没有任何名言概念。

认识的形成需要各种条件因素的聚合才能生起，就是我们的五官感官在接触外界客观事物时所起的感觉触受，这是感性方面的，这个时候不带任何名言概念和影像，故而没有任何观念。因为没有任何观念，内心世界便无任何活动，心理没有活动也就不会引发各种情绪的产生。问题的关键在于，当我们的五官感官直观摄取外部事物时产生了相应的感觉触受，并反映在意识思维中成为心中影像，此时意识思维就会用最快的速度在内心寻找之前所经验和留存的心中影像。在意识思维的专注运作下，当下所摄取之物的心中影像与之前留存的心中影像一旦重合，自己即刻就能认定这是以往的经

验中所肯定的是与非、对与错、好与坏、善与恶、认识与不认识等等,并因此再次形成肯定的认识。

然而我们的经验所肯定的认识不一定是正确认识,这是由其现象背后的本质来决定的。当我们的五官感官直观摄取外部客观事物之时,五官感官只能够直观摄取外部事物的表面现象,而其表面现象又是由事物的内在本质所决定的。事物的内在本质只有我们的内在意识思维才能摄取并进行观察、分析、剖解,因而只有当我们看清此事物的内在本质属性以及它的各方面条件组合、运动的顺序及其作用原理之后,才能了知事物现象的真伪、虚实等等,才能认识它的发生、发展、变化、消亡规律,从而真正认识和掌控它。

感性、知性与理性

所谓的感性认识就是我们的五官感官直观摄取外部事物时所引起的身体感受，通常动物亦具有此种感性认识，此中没有什么善与恶、是与非、好与坏之分，只是身体感觉触受的条件反射而已。这种感觉触受摄取在意识之中形成经验的原始基础，一旦我们再次与外部事物相遇，就能速疾引起条件反射，并通过行为表现出来，此时的感性认识是没有意识思维介入的。

知性认识则是建立在五官感官即感性认识上的意识思维的粗大分辨能力，当我们的五官感官直观抓取外部事物之时，不只停留在身体的感觉触受之上，而是能进一步地分辨其善与恶、好与坏、是与非等，但更深一步的意识思维的分辨能力就没有了。

理性认识建立在感性认识和知性认识之上，它能够摄取事物微细的组成部分，能够分析事物的内因外缘即事物内部、外部的各个条件结构及主次矛盾，以及内因外缘的诸条件和主次矛盾是怎样结合的，结合之后又是怎样发生功能作用的，以及其运行的原理等。由此可推知善是怎样发生的，恶是怎样形成的，好与坏、是与非亦是如此，从而能通过现象见到事物的本质。因此，在主观认识与客观事物的诸条件之上，我们的五官感官所不能直观见到的东西，在知性认识与理性

认识的显微镜下则可暴露无遗。由此可知感性认识只能摄取事物的表面现象,不能进入事物的内部,而知性认识只能进入事物内部的浅层,只有理性认识才能够进入到事物的深层次中,对其进行深刻的分析与研究,一切事物均是在理性认识的显微镜下显现其本来的真实面貌。

就是在这样的感性认识、知性认识、理性认识下,形成了无数人不同的内心世界的心理活动,人们因所处的时间、空间、环境不同,所接触的人群不同,所经历的事情不同,而引发了各种不同的心理状态。一个人对自己所处的时间、空间即生存环境,以及自身的感性认识下导引的语言行为之事耳濡目染,并深深印刻在心底,从而成为储存在自己的意识思维中的影像,这种影像又随着五官感官一次次的摄取事物而加重,并成为人的习惯性的经验性思维。

不同人群的意识思维不同

幼童具有五官感官的摄取能力而缺少意识思维的分辨能力，也就是说幼童只有感性认识，比如幼儿不懂得什么是危险与不危险，什么是红颜色与火焰等等。成人则是具备了五官感官的直观摄取能力之外，还具有粗大的意识思维的分辨能力，知道危险与平安、好与坏等等，但这些只是停留在名言概念上，而不能透过现象看到其本质。这种思维是一种从众的意识思维，没有特定的独立分析事物的能力。具有理性思维的人则是具备对五官感官直观所取的事物进行微细、透彻的独立分析能力，就是说通过五官感官直观摄取我们所面对的事物现象，然后对其现象进行分解、分析，以找到此事物现象的内涵本质是什么。比如，面对客观事物，能够分析危险以及造成危险的各种因素条件，危险程度的不同以及防范的方法等，反之，则是安全的各种因素条件与安全程度的不同以及所遵守的法规等。用意识思维对主观认识和客观事物进行反省和分析，并加以恰如其分、合理的说明，这就是理性思维者的意识思维。由此可知，幼童只有感性认识，只有五官感官直观摄取事物的意识思维，但没有意识思维的辨别能力，成人具有五官感官直观摄取事物的意识思维与一般性的分辨能力，即具有感性认识和知性认识。而理性思维者不但具有儿童、成人的五官感官直观摄取事物与简单的意识

思维分辨能力，而且还具有特别独立的分析方法，以及可以将事物的内因外缘以及各个条件的组成、功能作用之原理进行说明的能力。

感性认识是烦恼的根源

对事物表面现象的认识即感性认识，当我们用五官感官直观摄取外部事物时，只能抓取到事物的表面现象，就是事物表面看起来整体、粗大、坚固、实在的形象。通过五官感官摄取回来的外部事物反映在心意识中便成了心中影像，紧接着我们的意识思维又依着这种种不同的心中影像安立了种种不同的名言概念，于是，我们误认为这个心中影像就是外部世界那个粗大、坚固、整体、不变的客观事物，时时刻刻乃至于睡眠中都不能与之分开。就是这些名言概念把我们的主观认识与客观事物牢牢地锁在一起，紧密到连一点缝隙都没有。此时，意识思维活动的速度就像一条激流汹涌的大河一泻千里，快到什么也看不清楚，于是，我们便误认为事物就是那个样子，观念随之产生。

然而此观念的产生与此事物的微细组成、结构、作用原理极不相符，事物现象表面看起来粗大、坚固、整体、实在，而其内在本质却不如我们的眼睛看得那样真实，它完全是由微细的物质粒子所组成。外部客观事物看起来似乎恒常不变，而其实质却是每一分、每一秒都在不停歇地发生着变化，就如同我们只能看到人从小长到大、从长大到变老的外表粗大的变化，物质从新到旧的外表粗大的变化，而无法捕捉其内部的微细变化。人从小长到大，从长大到变老是身体的物质

延续，此粗大的能被眼睛直观察觉到的老的变化是从前一年的微细变化而来，前一年的老的变化是由前一个月的微细变化而来，前一个月的老的变化又是由前一天的微细变化而来，前一天的老的变化又是由前一小时的微细变化而来，前一小时的老的变化又是由前一分钟的微细变化而来。一年、一个月的粗大的老的变化我们可以看到，但是一天、一小时、一分钟的微细的老的变化我们的眼睛却不能捕捉到，然而，不能以五官感官直观捕捉到老的微细的变化并不等于事物本身不是这样的属性状态。正是因为这样，我们总是被自己的五官感官直观摄取的外部事物表面现象所欺骗，我们看到的那个事物远远不如我们的眼睛所看那么坚固和真实，所以，一切生活、工作、学习中常常是事与愿违，烦恼由此而生，这皆是因感性思维主导了心意识的缘故。

错误认识的生成

错误认识的生成即意识思维随着感性认识生起的错误观念。当我们用五官感官直观摄取外部事物之时,只是抓取了它的整体、粗大的表面现象,这个表面现象返回到我们自身之时,在我们的身体上出现了不同的感受,即快乐、痛苦与既不快乐亦不痛苦的中性感受。此时意识思维便开始随着快乐、痛苦与中性的感受安立与其相应的名字名称即名言概念,好受的就是快乐,不好受的就是痛苦,既没有好受亦无痛苦的就是中性,并将此感受记录和储存在我们的心意识中而成为经验。当我们一次次与其相遇时,就能一次次唤起经验中的记忆来与其相应,也就是说我们看到一个东西勾起了心中的喜欢而喜欢它,看到一个东西引发了心中的不喜欢而不喜欢它。如此,就形成了我们意识思维中认定此觉知感受是否正确的依据,并成为我们心中的名言概念、心理活动状态的延续,深深地印刻在我们的心灵深处,成为一种潜在的意识。

这就是我们人的感性认识形成的简单过程,也就是说意识思维只是停留在了我们以往的感官感受经验上,并没有对客观事物进行全面、整体地分解、分析,没有透过现象去探究其本质,没有将其从粗大进行细化,更没有透彻了知在事物恒常不变的表面现象下,其本质是每一分、每一秒都在不停地迁流变化。所以,意识思维只是随着五官感官在转动,

只是感性认识的意识思维而已。此种随着五官感官转动的意识思维就是粗大、整体的感性认识,就是一种错误的意识思维,因为它所感知的事物现象与事物的真实实际不相符。

我们的五官感官在初次摄取事物之时就已经远离了事物的真实面貌,但却在自己心中留下了深深的烙印。一旦我们当下所看到的事物现象与自己心中的经验和习惯势力不相符时,自己就不能接受,就会引起我们内心世界的极大混乱,由此形成了各种心理问题。这些心理问题的形成就是源于我们的五官感官直观摄取事物之时根本就没有对事物进行由表及里的研究与分析,表面现象可以直观摄取,而表面现象的内涵本质是不能被五官感官直观摄取的,因此我们时时刻刻地生活在自己的五官感官所编织的假象里。

只有泛泛的知性意识思维亦是烦恼生起的根源,因从众心理和约定俗成的限制,自己的意识思维只能止在那个泛泛的心中影像之上,心的感受和心的体验只能到此。当外部事物的现象和心中的体验以及身上的感受相吻合时,自己就认定其是好或是不好,而这个好不好又与客观现实实际的好不好极其不符,所以当我们的身心感受与那个好不好的客观现实实际不相符时,我们就理解不了了。这是因为我们粗大的知性思维只是随着身心感受的名言概念而转动的原因所致,我们人的知性意识思维就是这样的一种经验而已。因此,上述两种人群因常常对事情不能明白,故常常会有心理困惑和问题的产生。

而建立在感性认识和知性认识之上的理性思维就不是这

样了,这是因为具备理性思维的人能够独立、冷静地思考和分析客观现实中的好不好到底是什么,而不仅仅是随着自己的身心感受而转动。具备理性思维的人能够建立一种认识、一种世界观,即凡事不只是停留在事物的表面现象之上,而是能够透过现象去分析事物的本质属性,能够结合时间、空间、人物和事情作具体细致的分析,弄明白事物的真实所在,以解除心中之疑惑,明彻自己的心灵,使自己对事物有一个清晰、明了的认识,而不是只停留在事物的表面之上。具备这种能力的人心灵永远是明澈的、清晰的,因此就不会有什么事物可以困扰他,也就不会出现什么心理问题和心理疾病了。

主客观事物的真实样貌

时下之人不管男女老少,不管学历高低,不管有无受教育背景,不管专攻什么领域,不管贫穷富有,不管面对何人何事,都有一个共同之处,那就是毫无理由地、坚定地认为自己是对的,自己是好的。何谓对?就是正确的意思。那什么是正确呢?即符合主客观事物的客观实际。那什么又是主客观事物的客观实际呢?

首先,说一个人、一件物、一件事儿的时候,这个人、物、事儿是真实存在于社会现实中的,是看得见、摸得着的。其次,每一个事物都有它的现象、作用、功能属性。比如杯子的现象就是敞口、有底、有盖儿或者无盖的圆柱状这样一个容器,它的功能作用就是盛水、盛物,它的属性就是制作杯子的材料的属性,玻璃、塑料、陶瓷、不锈钢、纸质各有各的属性,其中玻璃的属性又包括抗张强度、硬度、导热性、热膨胀系数等等。再次,每一个事物都是各种条件因素汇聚而成,一旦形成之后又会沿着生成、发展、变化、消减的运动规律运行。不是它自身可以独立存在的,而是和人、自然界的一切事物相互观待、相互影响、相互作用、相互制约。

事物一旦形成就不是静止不变的,而是每一分、每一秒都在变化运动中,只是我们的眼睛只能看到事物粗大的变化过程,却看不到微细的变化过程。比如人是父精母血结合而

成胚胎，经过十月怀胎一朝分娩而出生。一旦出生之后就会一天天长大发育成熟，从婴幼儿、童年、少年、青年、壮年、老年直至死亡。在这个过程中每一分、每一秒都不会停歇，换句话说，就是每一分、每一秒都在长大变老，但是每一分、每一秒的变化，我们的肉眼是看不到的，甚至每一天、每一个月的变化，我们的肉眼都是看不到的，而每一年、每几年的变化，我们才能看到、感知到，这就是主客观事物的真实实际情况。

而我们平时毫无理由坚定地认为自己是对的，自己是好的，显然与主客观事物的真实实际并不相符合，这种自我认为得对与好缺乏以事实为依据，缺乏以逻辑与推理为判断，所以它只是存留于每个人心中的想法和念头而已，而一切的想法和念头都是引发情绪、烦恼、痛苦的主因。所以，我们心中毫无理由坚定地认为自己对与好，并不能使自己的生活顺遂，并不能心想事成，并不能带来幸福和快乐。

反推之，如果我们真的好与对，那么就说明我们的一切生活、工作、学习是符合客观规律的，我们的一切言行举止是符合自然法则的。既然我们的生活、工作、学习、我们的言行举止都顺应客观规律、自然法则，那么所带来的结果就必然是好的，我们的生活就应该是幸福和快乐的，一切的挫折、困苦就应远离我们，而一切的喜乐就应伴随着我们。而现实实际是什么呢？我们总是会遭遇不公，面临挫折，就像大海中的鲸鱼和海龟身上被密密麻麻的藤壶吸附一般，焦虑、不安、欲望、恐惧、疑心、抑郁这些心理活动紧紧缠缚着我

们的内心,伴随着我们的每一天,环境、身体、内心的杂乱无序无时无刻不在困扰着我们,束缚着我们,这难道不足以说明我们自认为的对与好并不是真正的对与好吗?这难道还不足以使我们从自己不切实际的想法和念头中走出来吗?

心理学的基础是辩证

什么是辩证？辨是分辨、辨别。分辨什么？向外分辨客观事物的种种现象及其功能作用，向内分辨意识思维及其功能作用。外部世界的客观事物繁多复杂，蓝天、山川、河流、森林、建筑、桥梁、公路、房屋，不管是自然界存在的，还是人为制造的，都超不出人的五官感官和意识思维的感触觉知范围，都超不出眼睛看、耳朵听、鼻子嗅、口舌尝、身体触的范围，所以向外分辨就是分辨一切的客观事物是眼睛看的内容，还是耳朵听的内容，是鼻子嗅的内容，还是身体感触的内容。

比如说，眼睛只能看到形状和颜色却看不到声音，耳朵只能听到声音而听不到气味，鼻子只能嗅到气味而嗅不到味道，口舌只能尝到味道而尝不到冷热，身体的触觉只能触到冷热而触不到颜色，这就是我们的五官感官对客观事物最粗大的分辨。进一步的分辨就是眼睛所看的颜色和形状又可以分为人、动物、植物、山川、河流等等；耳朵所听的声音又可以分为人说话的声音、动物鸣叫的声音、风声、雷声、雨声等等；鼻子、口舌、身体的感触亦是如此的分类。再进一步分辨，人又分男人、女人、老人、小孩，其中男人又分青年、壮年、老年等等，一直分类下去直至具体的张三、李四。这就是分辨客观事物的方法，从粗到细，从广到狭，从整体

到局部,从抽象到具体——进行分析分解,直至透过客观事物的现象了知其现象的功能作用,直至透过客观事物的现象和功能作用透彻了之其事物的真实实际状况。

而内部世界的意识思维则是随着五官感官的所看、所听、所嗅、所尝、所触形成了种种的心中影像和名词概念,也就是我们常说的想法、念头,进而形成了我们头脑中的观念。这些想法、念头的数量之多与外部世界的客观事物相比,有过之而无不及。但是,不管想法、念头如何变换,不管观念认识如何坚固,它们都仅仅是意识思维的功能作用,而不是意识思维的本身。意识思维犹如万里晴空的蓝天,想法、念头则是存在于蓝天中的种种云彩,诸如卷云、卷积云、层云、帽状云、棉絮云等等。天上的云可以分成高云、中云、低云、卷云、层云等,想法、念头亦可以分成无知、贪欲、恼怒、骄慢、疑惑等,一一进行分析分解,即可以拉开意识思维与想法、念头的空间,从而透彻了解意识思维的真实状况。

如今,过度包装普遍存在于我们的生活中,原本普通常见的食物在一层层精美亮艳的装饰之下可以改头换面,价格迅速拉升。原本平凡而普通的人,在一个个吸睛晃眼的霸气头衔之下可以摇身一变被众人推崇吹捧,身价迅速抬高,原本人与人之间关心温情的日常语言,在一个个话术的精心策划之下,可以成为欺骗敛财的手段。所以辩证就是要辨明真假,就是要把一层层精美亮艳的装饰与实物分开,换句话说,就是要消除我们五官感官上的错觉,仔细分辨我们所面对的外部世界中的客观事物,仔细分辨我们的内心世界中的种种

心理活动,从而达到认识自我,认识客观事物,彻底明了物质与内心之间的关系和运作过程。简言之,辩证心理学的目的就是启发心智,培养分辨能力,使我们遇事能正确、准确地将其现象、功能作用、本质剥离开,不随现象流转,不被概念束缚,这样便可时时处于灵动、敏捷的身心状态,便可事事做出正确的抉择取舍,内心总是处于平静、安宁,远离情绪的困扰,远离烦恼的纠缠。

辩证的证是什么意思呢?就是验证,即亲身体验之意。辨是在理论上、知识上、文字上的理解,证则是在行为上、实践上的直觉体验。文字是虚假的,在文字上没有实际东西。比如我们的手机,实物就是那么一个长方形的硬疙瘩,它能接打电话,接发信息,安装上软件就有浏览和支付等功能,而手机的语言发音和文字仅仅是语言文字,不是实物,更没有实物手机的功能作用。不管我们说多少遍"手机",写多少个"手机",也不会从天上掉落一个手机到我们面前,因此文字是虚假的。但是我们的一切生活、工作、学习又离不开语言和文字,因为没有语言文字,我们就无法开口,就不能表达思想和情感,就不能交流和沟通,这就是最难以明白的地方。

那么语言文字存在的意义又是什么呢?是媒介作用,如同一个人用手指指向月亮,我们顺着他的手指方向就可以看到月亮,当我们的眼睛看到月亮的一瞬间就有相应的直觉体验,这个时候已和手指没有任何关系,完全不需要手指的介入。同理,语言和文字就是我们进入直觉体验的媒介,就是

手指,它指引着我们进入到直觉体验中。为什么需要这个媒介才能进入直觉体验中呢?因为我们所面对的客观事物,有的可以直接显示出来,凭借五官感官的直接感触就可以直接认识,不需要任何理由和说明。比如,我们可以看到眼前的手机,它的形状、款式、颜色、大小一目了然,只要视力没有受损,中间没有阻挡,光线明亮,我们的眼睛直接就可以看到这些,不需要语言,不需要文字,它直接显示在我们的眼前,这就是五官感官的直觉体验。

但是,不是所有的事物都能直接显示出来,都能被五官感官所直接认识,这种与直接显示相对的就是隐蔽部分。隐蔽在哪里呢?隐蔽在显示之后,也就是说显示在前面,隐蔽在后面,前面显示的部分我们的五官感官的眼睛可以直接看到,而隐藏在后面的部分五官感官的眼睛就不能直接看到了,只能通过意识的思维作用间接地了解和了知。所以康德有句名言"五官不能思维,意识不能直观。"就是说显示在前面的部分不需要通过思维,眼睛可以直接看到,耳朵可以直接听到,中间没有语言文字,可直接进入直觉体验。但是隐蔽在显示之后的部分,却不能被眼睛直接看到,被耳朵直接听到,不能被五官感官直接直觉体验到,更不能被意识思维直觉体验到。

比如手机的内部结构及功能作用,幼童的五官虽然健全,但是他却无法操控手机,更不明白手机的内部结构及功能作用。因为此时他的思维活动简单,思维还没有得到开发。对于思维活动进入成熟阶段的人来说,他的意识思维活动可以

直接进入手机的功能作用,正所谓"行家一出手,就知有没有。"这是说真正懂行的人无需语言和文字,他的五官感官直接对事物的现象进行直觉体验,同时他的意识思维直接进入对事物内部本质、内涵的直觉体验,他的五官感官和意识思维都达到了直觉体验的能力和状态,于他而言,已不需要文字语言和理论分析,便可了知手机的现象和本质。

五官感官的直觉体验与生俱有,而意识思维的直觉体验却必须经过学习、培养和训练才能进入。达到意识思维的直觉体验是我们学习的终极目的,因为这种直觉体验最符合事物的真实面貌,它摆脱了语言文字的束缚和干扰,可以直接进入到事物的内核本质,使我们看显示背后的隐蔽部分就如同眼睛看显示部分一样,一目了然,清清楚楚。但是,这种意识思维的直觉体验,又必须经过对理论知识、文字的学习和应用而来,必须通过语言文字这条路径而来,不能跨越,不能绕行。所以,我们在学习的过程中,必须先弄明白文字与直觉体验的关系,运用文字,但不执着文字,以文字为媒介深入文字背后的事以及事背后的义,经过反复培养、长久训练,我们就可以逐渐建立起意识思维的直觉体验能力。

这样当我们面对人和事的时候,就不会被长相、容貌、声音、语言、话术、包装、装饰所误导而入歧途,就能迅速地透过种种表面现象进入其内涵和本质,就如同孙悟空一样长了一双火眼金睛,总是一眼就能识别真假。当然,孙悟空的火眼金睛并不是生来就有,而是在太上老君的八卦炼丹炉里锻造了七七四十九天方有所成。如今这个八卦炼丹炉在哪

里呢？就在我们的日常生活、工作、学习中，就在我们日常生活中一次一次的跌倒爬起来，一次一次的失败不放弃，一次一次的调整和一次一次的实践中，我们的火眼金睛慢慢地就锻造成了，也就是说我们的意识思维的直觉体验能力逐渐就形成了。当然，实践的前提是必须先掌握正确的理论，以正确的理论为引导而实践，不然就是盲修瞎练，以盲导盲，除了瞎耽误功夫不说，还会南辕北辙，越走越远。

理性心理学是改变自己的最好工具和方法

为什么要学会辩证？为什么要辨别主客观事物？是为了改变自己，而不是与他人争高低或者改变他人。他人无需自己改变，自己也改变不了他人，唯有自己改变自己。怎么改变呢？首先从思维理路上入手，也就是说从观念认识上入手，因为一切的行为都来自意识思维的主导，思维引发行为，行为产生结果，结果导致命运。什么是思维理路？就是意识思维行走的路径、路线。比如说现在是个假期，你准备去南方游玩。首先，你心中起了一念，什么念？就是利用假期去外地游玩的念头，这一念没有生起，你就不会有外出的行为和动作。但是仅凭这一念你就出门了，恐怕你的外出游玩就会变成影视片中所演的一出啼笑皆非的生活喜剧，或者半途而返，或者根本就无法成行。

有一个故事，说的是一个人打算去新疆旅行，他把去新疆的路线、行程、住宿、游玩景点全部了解和掌握了，所用的物品钱财也准备充分了，信心满满地出了门，结果一出门就掉入了门前的大坑里，爬不出来。不管他对线路、行程、物品钱财准备得多么充分，仅仅是对门前这个大坑的了解和认识不足，就可以使他的整个出行计划化为泡影。他对整个行程的线路、住宿、游玩之规划就是思维理路，就是意识思维行走的路径、路线。也就是说，在自己的身体还没有到达

心中所想的目的地之前,他的意识思维就提前行走了一遍,提前把各个地点连接了起来,形成一个闭环,完成了空中连线,描绘出了行走的线路图,整个行程就是身体按照意识思维提前描绘的线路图亲身体验一遍。

这个线路图是怎么描绘出来的?就是根据他人实践的成功经验和失败的教训而来,从他人的图片、画面、语言文字中来。这些与他人而言是实践、是体验,与自己而言是理论、是文字,先从理论上、文字上弄明白,这就是思维理路的建立。通过认真查找相关数据并分析推理,自己的一条旅游线路就规划出来了。与此同时,需要的钱物、时间等就全部计算出来了,从而形成了自己的旅游攻略。这个旅游攻略就是自己的观念、认识、结论,自己决定走这条线路,而不是其他。那为什么是这样的行程,这样的线路,这么多的钱物,这么长的时间,而不是其他呢?论据理由是什么?就是他人在实践中总结的成功的经验和失败的教训,用今天的话来说,就是大数据时代提供的数字依据,这些数据以图形、画面、语言文字等的形式通过我们五官感官的眼睛、耳朵窗口进入到我们的意识思维中,我们的意识思维就如电脑一般对这些数据进行运算和分析,把成功的经验汇聚起来,形成自己的一个结论,同时,再从反面及失败的教训中再次验证自己的结论的可行性。这样把他人实践体验过的数据拿过来,把自己过往的体验数据拿过来,再通过正反两个方面的比较推理和判断,最终就形成了自己的认识和结论。这个结论正确,那么在实践的整个旅行过程中就会一帆风顺,心想事成,充满

欢喜和快乐，意识思维就和行为行动完美地融合在一起，达到最满意最开心的效果和结果。如果自己的结论不正确，那么在整个实践的过程中就会状况频发，处处出错，这样就会出现需要花费更多的时间，更多的钱财，更多的精力去纠错调整，那么整个旅行就会充满狼狈、沮丧和失落。意识思维和行为行动就是两张皮，也就是说自己在头脑中设想好的东西和现实实际完全不相符，对不上，所以自己的想法完全用不上，必须在实际情况中重新了解和认识，重新观察和分析，重新思维和构想。

在整个出行攻略中，思维不全面有遗漏，尚且会打乱自己的整个行程，带来不好的体验。更何况是仅凭一念就出门，那面对自己的又将是什么呢？仅仅是一次生活中的旅行，尚且需要周密的思维理路，方可达到快乐和顺遂的旅行体验，更何况是我们一生的幸福和快乐，怎么能毫无准备呢？！

那么，怎么改变自己的思维理路呢？好比进山剿匪，我们先要知道所剿的匪是谁，叫什么名字，长相是什么模样，这样我们才能有的放矢去追踪和抓捕。如果一问三不知就茫然进入深山剿匪，那么一来匪可能就从自己的眼皮子底下划过也不知，二来可能南辕北辙，越走越远，根本不可能完成任务。所以，我们首先要明白自己现有的思维理路是什么样的，其次要改变成什么样的思维理路。

我们现有的思维理路是感性认识，也就是停留在五官感官的直观认识和直觉体验上。什么是五官感官的直观认识呢？就是我们的眼睛所看，耳朵所听，鼻子所嗅，口舌所尝，

身体所触,眼睛看的是事物的形状颜色,耳朵听的是内外事物发出的种种声音,鼻子嗅的是香臭气味,口舌尝的是酸甜苦辣,身体触的是冷热软硬。当我们的眼睛看到面前手机的第一瞬间,眼睛就如同摄像机一般把手机的样貌摄取回来,储存在意识思维上,成为心中影像。这个时候眼睛看到什么东西就摄取什么东西,反映在意识思维上的心中影像和眼睛所看的外部事物一模一样,犹如水中倒影。此时还没有思维介入,所以是五官感官的直观认识和直觉体验。但是,这个时间非常非常短暂,几乎是在眼睛摄取事物的同时,我们的意识思维就会介入。怎么样介入的呢?几乎是在眼睛看手机的同时,意识思维就会以比计算机运行还要快的速度对以往储存在意识思维中的影像进行扫描和比对,并且即刻就能比对成功,于是"手机"这个名称便脱口而出。

我们的五官感官摄取一切主客观事物的过程都是如此,每天早上当我们睁开双眼的那一刻,我们的眼睛、耳朵、鼻子、口舌、身体这五个窗口就进入了自动运行程序,一切看在眼里,听在耳里,嗅在鼻里,尝在口里,触在身体的种种事物,纷纷通过眼睛、耳朵、鼻子、口舌、身体涌入我们的意识中成为心中影像。这些新进入意识中的心中影像和过往储存在心中的影像不断叠加重合,成为我们深刻的记忆。与此同时,附加在这些心中影像上的名字名称亦随之不断累加、累加,成为我们心中坚固的认识和观念。

当我们的眼睛看到事物的第一瞬间,意识思维尚未介入之时,因为意识思维未活动,所以此时便没有情绪。而意识

思维一旦介入,也就是心中的名字名称一旦生起,马上就会有对立的观念和概念冒出来。什么是对立的观念?就是有我就有你;有白就有黑;有新就有旧;有多就有少;有好就有不好;有长就有短;有快就有慢;有喜欢就有不喜欢。于是我们会有"我昨晚没有睡好;今天怎么又是阴天?我不喜欢吃这个早餐;我不想见到你;我想做那件事情;我想要那个东西"等等的想法和念头产生。这些对立的想法和念头一生起,情绪便随之而起,得到好的、喜欢的便开心,得不到便失落,得到不好的、不喜欢的更是恼怒。人人都是如此,所以很快就从一个人的情绪变成多人情绪的交互作用,甚至纠缠,继而引发烦恼,甚至痛苦。

仔细想一想,我们每天的生活、工作、学习不就是在这样的一个循环里打转转吗?我们的一生不就是在这样的思维理路导引下,每天自编自导自演着一出出喜怒哀乐的人生大戏吗?遗憾的是,我们却不知道这一切是自己编导,自己出演的,而是误认为这一切都是有个什么玄之又玄、妙之又妙的巨大力量所主宰,是他人造成的,与自己无关。这正如《周易·系辞上》中所说"百姓日用而不知"。

既然现有的思维理路即感性认识是造成我们一切情绪和烦恼的肇因,我们又要改变成什么样的思维理路呢?那就是理性思维的思维理路既理性认识。什么是理性认识?就是对主客观事物进行观察、分析、拆解、审视、推理、判断的意识思维活动。这种意识思维活动来源于五官感官的直观摄取内容,但却不追随所摄取的内容打转转,而是对它进行分析

和拆解，使我们的五官感官所摄取的那个看似整体、囫囵、粗大、实在的事物在理性认识分析下分崩瓦解，从而还原主客观事物的真实样貌。

当我们的眼睛看到面前手机的第一瞬间，眼睛如同摄像机一样摄取手机的画面，进入到意识思维中成为心中的手机影像，这个时候外部事物手机和心中的手机图像一模一样，犹如水中倒影，这时是眼睛的正确的直观感受体验。继之，新进入心中的手机影像和心中以往储存的种种影像进行比对并重合，"手机"的名字名称瞬间跳脱出来，这个时候仍然是正确认识，因为手机这个名称是依着外界的真实手机这个实物而存在的。

关键点到了！眼睛只能看到实物手机的整体画面，它的整体画面看起来就是那么真实、实在，那个款式、那个形状、那个颜色、那个手感，一切看起来都是那么有质感、生动、立体、吸引人，于是我们油然而生贪恋欲求之心，想得到它和拥有它的想法、念头瞬间生起。这一念一旦形成就再也放不下了，如同我们织毛衣时缠绕的那个线团，从此便一圈一圈地缠绕下去，这就是作茧自缚，这就是内心跟着五官感官，跟着外部事物追逐的开始，这就是我们一切的情绪、烦恼、痛苦形成的开端和根源。理性认识就是要在这里介入，在我们油然而生贪恋欲求之心之前介入，就好像火车行驶过程中的变轨，让我们的内心从感性认识这条轨道迅速切换到理性认识这条轨道上来，这就是命运的分水岭，就是改变人生命运的轨道切换。

怎么切换？就是在我们的眼睛看到实物手机是那么真实、质感、立体、吸引人的同时，意识思维迅速活动起来对它进行观察分析和拆解。手机是由前屏后盖组成，打开后盖里面是集成电路板、芯片、处理器、电池等，它们有序地排列和组合，每个零件都有各自的功能和作用。这些零件整合在一起就有了接打电话，接发短信、微信的功能作用，安装上各种软件之后它的作用范围就更加广泛了。手机以及手机的这些零部件都是经过人工对原材料的加工切割焊接等而来，之后组合成了一个整体，一旦这个手机整合完成，它就一天天发生着变化。随着时间流逝，手机使用频次和磨损的不断累加，它也一天天从新变旧。同时，每年都有新的手机款式和颜色出现，所谓的旧的手机逐渐被淘汰。当初捧在手里爱不释手的那个手机用不了多久就会失去吸引力，甚至会被嫌弃，因为新的事物总能吸引我们的眼球，总能勾起我们内心的向往，这就是主客观事物的真实面貌。

当我们的意识思维进入理性认识的轨道之后，随着我们的思维对手机的层层分解，手机还是那个手机，拆开是各个零件，组装起来是一部完整的手机，它并没有什么变化，但是我们的贪恋欲求之心就没有那么强烈了，没有那么迫切了，没有那么非它不可了。当我们的眼睛看到手机那么有质感、立体、吸引人，我们的手中就牢牢地握着一个东西，当我们的意识思维穿透手机的形状和颜色进入到其内部结构之中进行层层分解，我们好像就抓不到什么东西了，它只是各种条件因素组合而有的一个东西，并且会随着各种条件因素的变

化而变化,它的光鲜亮丽只是短暂的,很快就会被替代和淘汰,真实的它不如我们的眼睛最初看得那么实在和永恒。在这种理性思维的导引下,一切主客观事物还是按照他们本身的运转规律生成、发展、变化、消亡,但是我们内心对他们的执着却失去了依靠。就好像一辆组装起来的汽车,你可以坐上去开动它,驾驶着它风驰电掣体验速度与激情。可是把这辆车拆解之后,把各个零件摆放在你的面前,你却没有落座之处,更没有速度与激情带给自己感觉和感受。没有感觉感受自然不会产生情绪,没有情绪,便没有烦恼,没有烦恼,也就没有痛苦,这就是理性认识带来的内心的平静和安宁。这不正是我们终其一生所要追求的幸福和快乐吗?它就在我们身上,却为何偏偏竭尽全力向外寻找呢?!

介于内心和事物之间的语言

人的五官感官直接摄取外部客观世界的颜色、声音等，这些颜色、声音摄取回来之后汇入意识思维中形成心中的影像，而这些心中影像并不是五官感官的直观认识对象，也就是说感官不能思维，意识不能直观。意识不能直接摄取外部世界的颜色、声音，而五官感官亦不能直接摄取意识思维上的事物图像，五官感官只能直接感觉感触外部世界的种种现象，一旦摄入到意识中就无法再直观直觉，因此心中影像、依心中影像而安立的种种名称以及依种种名称形成的观念就是一种抽象的存在，因为它是抽象的，所以它是虚假的。

什么意思呢？就是说画饼不能充饥，肚子饿了，此时写多少个"烧饼"，画多少个"烧饼"，也无法让肚子填饱。如果仅仅靠语言发声、文字概念就能与实际存在的食物产生相同的作用，那我们就真的实现了坐享其成了。需要什么一张口它就从天而降，这样的场景只能在睡梦中体验，现实中是不存在的。就如同卖火柴的小女孩，尽管在一根根火柴点燃的时刻，她的眼前仿佛呈现出了一桌子的美味佳肴，可她还是在饥饿中离去了。

五官感官摄取外部客观事物后反映在意识中的心中影像，依心中影像而安立的种种名称，依种种名称形成的观念，虽然是抽象的存在，虚假的存在，但是它们在人对主客观事

物的认识过程中却发挥着重要的作用。人的认识、观念或者说想法、念头，一方面来源于五官感官摄取的外部世界的客观事物的现实信息和数据，一方面来源于以往储存在意识中的影像、经验、记忆等非现实信息和数据，即纯粹的意识思维活动。这种纯粹的意识思维活动最初亦是来源于五官感官对外部世界的客观事物的摄取和反应，但是一旦成为心中影像储存在意识中后，便可脱离五官感官的摄取而活动，也就是我们常说的胡思乱想，就是不以客观事物为依据的自己头脑中的猜测臆想。

以五官感官摄取的外部世界的客观事物的现实信息和数据为依据产生的认识观念就是正确认识和正确观念，仅凭自己头脑中的想法、念头产生的认识观念则是不正确的认识和不正确的观念。然而，正确认识和正确观念的形成亦必须建立在正确的心中影像和正确、准确的与事物相符的名称之上。比如见绳如绳，外部世界的客观事物是一盘绳子，眼睛没有白内障等疾病，光线充足，没有阻碍和遮挡，眼睛能够清楚地摄取绳子的图像，并且准确地反映在意识中。这个时候眼睛看的是绳子，心中的影像也是绳子，而且在绳子上安立的名称也是绳子，此时我们对绳子的认识就是正确的认识。如果外界客观事物是绳子，而我们的眼睛看上去却是一条卷曲的蛇，或者看到的也是绳子，但是给它安立的名字却是蛇，这就是错误的认识。

人与人之间的交流方式有很多，如面部表情、声音语调、触摸、文字、语言等，其中，语言交流是一种很重要的表达

方式。语言虽然是虚假的,但语言所依靠的事物必须是真实存在的,依靠在不存在事物之上的语言是虚言妄语,毫无可信之处。而依靠在真实存在事物之上的语言必须正确、准确,也就是所谓的名副其实,这样才能使说话的人和听话的人都明明白白、清清楚楚,才能使双方在思想上、情感上达成一致。否则,就是各说各话,鸡同鸭讲,使说话的人和听话的人都如同置身于云里雾里,摸不着头脑。比如,骗子的话术就是依靠在不存在事物之上的语言,说得头头是道,天花乱坠,但都是没有实际内容的,或者是虚构的内容,完全没有真实性可言。

而依靠在真实存在事物之上的语言也必须正确、准确才行,比如,我通过张三办一件事情,我向他询问事情进展如何,但却迟迟不见回应,一天、两天、三天、几天过去了,一点消息也没有,此时我的内心就会充满疑惑,并由此产生猜忌,进而引发情绪。再三追问之下才了解到,他也一直在等对方的回复,他的想法是对方没有给我回复,所以我和你说什么也不是一个明确的结果,等有了结果再说吧,于是就保持了沉默。可是我这边不知他的情况呀,我感受到的就是不管我说什么、做什么,他都是一副爱答不理的样子,都拿他没有办法。其实,他与对方的沟通情况完全可以在第一时间反馈给我,而且也就是三言两语的事情,并不需要占彼此很长时间。比如说,我已经和对方联系过了,他还没有回复我。一旦有消息我第一时间就告诉你。这样我这边就明白是怎么回事了,也就不会一次次地追问和催促了。恰恰是因为他的静

默不回复,迫使我一次次追问和催促,而在这种追问和催促的拉扯中,耽误了彼此很多时间。

其实,生活中这种情况比比皆是,正确、准确地表达仅仅需要三言两语,就可以使人心生明白,彼此轻松和愉快。往往就是因为这几句话说的不及时、不准确或不正确,就把简单的事变得复杂起来,就需要用三二十句或者三二百句话去解释那个三言两语,以至于浪费大量的时间和精力,并由此引发各种情绪。所以,语言文字在人对主客观事物认识的过程中发挥着重要的作用,对情绪、烦恼的形成也有着很大的影响,我们不能不知!

结语

烦恼是什么？就是阻碍我们心中智慧的升起，阻碍我们走向幸福快乐人生的绊脚石。一叶障目，使我们看不到光明，找不到回家的路，从而远离了内心的平静和安宁。如何去除它？那就是蛇打七寸，一招入心，直捣巢穴，使它无法立足，从而显现原形。本书就是引领读者一改往日旧习，使眼睛从向外看转为向内看，从外部世界的客观事物，到身体的五官感官，到心意识的功能作用，直至心意识本身，一步步由外向内层层入心，深入剖解，把心中潜藏的烦恼一个个揪出来，暴露在阳光之下，使之无处遁形，进而消解融化。乌云散去了，天空便是晴朗和寂静。此时，喜乐之心油然而生！

www.ingramcontent.com/pod-product-compliance
Lightning Source LLC
Chambersburg PA
CBHW071239070526
44583CB00017B/2255